DIFE KRAZE BRIZE

Dife 20 - Seri 1

FWA KRETYEN NAN PIWO DEGRE L

Avangou

Vi nan levanjil se tankou yon chann batay, kote tout konbatan nan la fwa yo pran Jezi pou chèf lame a pou yo mache dèyè l.
Jezi bay yo za m pou yo defann yo, men se Jezi ki pote za'm yo pou atake lèdmi an. Menm si nou gen anpil batay pou nou mennen, nou konnen byen ke nou gen viktwa avan menm nou komanse goumen.
Ak Jezi nou ka chante « Tout bagay va byen lakay papa mwen » paske nou konn sa byen, nan tout batay konba nan la vi a, Bondye ap travay pou byen tout moun ki renmen 'l. Ala yon batay papa ! An nou antre ladan je fèmen.

Pastè Renaut Pierre-Louis

Leson 1
Moun Ki Renmen Bondye

Tèks sou leson an : 1Samyèl.17 : 36 ; Sòm.37 :4 ; Matye.5 :43-44 ; Jan.13 :34-35 ; Tra. 3 :19-20 ;5 :19, 40-42 ; Ef.6 :24 ; Kol.3 :1 ; 1Tim.4 :8
Tèks pou li nan klas la: Tra. 5 : 25-32
Vèsè pou resite: Apòt yo kite Gran Konsèy la. Yo te kontan dèske Bondye te wè yo merite pou moun te avili yo konsa poutèt non Jezi. **Tra.5 :41**
Fason pou fè leson an : Diskou, konparezon, kesyon
Bi leson an : Prezante nou moun ki renmen Bondye tout bon vre.

Pou komanse
Ala yon kesyon ki vin pou jennen moun ! Ki jan ou kap fè konnen ke gen moun ki renmen Bondye tout bon vre ? An nou wè sa:

I. Yo renmen Bondye, san poze kondisyon
1. *Yo dispoze mouri pou Bondye* : Gade David ki te yon gadò mouton, li pat pè batay ak gwo jeyan Goliat paske misye te pèmèt li bay defi a lame Bondye vivan an. 1Sam.17 : 36
2. *Yo defann fwa yo ak kouraj devan jij nan tribunal la.* Pa mande Pye ni Jan pou yo sispann lonmen non Jezi. Yo pap fè sa pyès.
Yo pa pè pran kout baton, ni prizon e menm lanmò san plenyen pou kòz Levanjil la.
Tra.3 :19-20 ; 5 :19
3. *Yo menm fè fèt lè yo te jwen imilyasyon pou zafè Levanjil la. Tra.5 :41*
4. *Yo renmen Jezi san gade dèyè.* Ef.6 :24

5. Fòk nou di 'w tou, si ou bezwen konnen adrès yo, se nan pye Senyè a, nan la priyè pou 'w jwen yo. Sòm.37 :4
6. *Se bagay kap pase nan syèl la ki lokipasyon yo.* Konsa, ou jwen yo nan jèn, nan la priyè, nan lwanj pou Bondye ak meditasyon pawòl la.
Kol.3 :1; 1Tim.4 :8

II. Yo renmen pwochen yo tout bon vre.
1. *Yo montre amou a tout frè ak sè nan Levanjil san zafè moun pa.* Jan.13 :34-35
2. *Yo renmen menm moun ki fè yo lèdmi, ke se tout bon, ke se ankachèt.* Mat.5 :43-44
   a. Si w vle byen gade, vye lide ou gen nan tèt ou ak move bagay wap fè, se lèdmi w yo ye. Mat.5 :44
   b. Sa'w pa konnen, ka yon lèdmi pou rou. Si ou renmen tèt ou jan w ye a, ou dwe renmen lòt yo jan yo ye a tou.

Pou fini
Se nan separe lanmou ak frè, ak sè nou, ak pwochen nou, ke nou ka sanble ak Jezi. Se la pou tout moun ka wè ke nou renmen Bondye tout bon vre.

Kesyon

1. Ki jan ou kap fè konnen ke gen moun ki renmen Bondye tout bon vre ?
    a. Yo renmen Bondye, san poze kondisyon.
    b. Yo renmen pwochen yo tout bon vre.

2. Bay nou twa egzanp de amou yo pou Bondye.
    a. Yo dispoze mouri pou Bondye.
    b. Yo defann fwa yo ak kouraj devan jij nan tribunal la.
    c. Se bagay kap pase nan syèl la ki lokipasyon yo.

3. Bay nou twa egzanp de amou yo pou lòt moun.
    a. Yo montre amou a tout frè ak sè nan Levanjil san zafè moun pa.
    b. Yo renmen menm moun ki ledmi yo, ke sa yo konnen, ke sa ki ankachèt.
    c. Yo renmen tèt yo malgre gen bagay yo pa konnen

4. Vre ou fo
    a. Kan ou di ou renmen Bondye, ou gen krent pou Bondye.
       ___V ___F
    b. Kan ou di ou renmen pwochen w, ou fè l dibyen.
       ___V ___F
    c. Pou montre ke w renmen lèdmi w, ou fè l dibyen onon de Jezi.
       ___V ___F
    d. Malèdve nan san nou ka pi gwo lèdmi nou ka genyen.
       ___V ___F

Leson 2
Moun Bondye Te Fè Lide Rele

Tèks sou leson an : 1Wa.19 :18 ; Sòm.119 :105 ; Matye.7 :1, 21 ; 22 :14 ; 25 :1-10 ; Wom.8 : 35-39 ; Kol.3 :1 ; 2Tim.4 :7-8
Tèks pou li nan klas la: Ro.8 :24-28
Vèsè pou resite: Tansèlman, nou konn sa byen: nan tout bagay, Bondye ap travay pou byen tout moun ki renmen l', pou byen tout moun li te fè lide rele.
Wòm. 8 :28
Fason pou fè leson an : Diskou, konparezon, kesyon
Bi leson an : Montre ke Bondye rele tout moun men se pa tout moun kap sove.

Pou komanse
Pa gen anyen ki di ke si anpil moun ap mache nan menm wout, ke yo tout ap ale menm kote. Se pa de moun ki di yo pral nan syèl. Eske se yo tout kap rive nan syèl la? Kijan nou ka eksplike sa ?

I. Tout dabò ki moun yo ye ?
   1. Yo kap moun kap di *Beni swa Letènèl* tout la senn jounen. Mat.7 :21
   2. Yo kap sèt mil (7000) moun yo nan peyi Izrayèl ki pat janmen mete ajenou devan èstati zidòl yo. 1Wa.19 :18
   3. Yo kap pami dis (10) vyèj yo nan parabòl sou maryaj la. Mat.25 :1-10
   Pou byen di w, **Bondye rele tout**. Mat.22 :14

II. **Men ki lès ki nan plan li ?**
Sila yo ki pran pawòl Bondye a pou dirije la vi yo.
Sòm.119 : 105
1. Yo pap negosye fwa yo nan JeziKri pou anyen ni pou pèson. 2Ti.4 :7-8
2. Yo sensè nan tout bagay. Wom.8 : 35, 38-39
3. Yo aji dapre lòd Senyè a. Latè pou yo se tankou yon baz pou yo sèvi Bondye, men yo pa pran l pou rezidans yo. Kol.3 :1
4. Bondye pa pè kare yo ak SatanleDyab nan tout kalite batay, batay maladi, grangou, swaf, traka, lanmò menm, li konnen yo pap trayi l. Wom.8 :37

III. **Ki erè nou dwe evite ?**
Nou dwe evite jije moun dapre jan yo aji. Se bagay ki regade Bondye. Mat.7 : 1
1. Ki moun ki konnen vyèj fòl yo ? Bondye.
2. Ki moun ki konnen 7000 sèvitè sensè yo ? Bondye.
3. Ki moun ki konnen moun ki sensè kap adore l ou byen kap sèvi l ? Bondye
4. Ki moun ki konnen moun Bondye rele dapre lide l ? Bondye

Pou fini
Si Bondye rele w, konfòme w pou w pami moun yo ki pral nan syèl la.

Kesyon

1. Ki moun Bondye rele ?
   Tout moun

2. Ki moun ki pral nan syèl dapre plan l ?
   a. Moun yo ki pran pawòl Bondye a pou dirije lavi yo
   b. Yo pap negosye fwa yo nan JeziKri pou anyen ni pou pèson.
   c. Yo sensè nan tout bagay.
   d. Yo aji dapre lòd Senyè a.
   e. Bondye pa pè kare yo ak SatanleDyab, li konnen yo pap trayi l.

3. Ki erè nou dwe evite ?
   Nou dwe evite jije moun dapre jan yo aji.

4. Pouki sa ?
   Paske se Bondye sèl ki konnen vyèj fòl yo, 7000 sèvitè sensè yo ak moun kap adore l tout bon vre yo.

5. Vre ou fo
   a. Tout jennès, tout volè ak tout asasen pral nan lanfè.   __V __F
   b. Nou bezwen sèlman jwi lavi nou jan nou vle, epi mande Bondye padon avan nou mouri pou n ale nan syèl. __V __F
   c. Mwen pa bezwen pèsevere piske Bondye deja fè triyaj la.   __V __F

Leson 3
Ki Jan Moun Ki Di Yo Renmen Bondye Aji

Tèks sou leson an : 1Wa.17 : 9-17
Tèks pou li nan klas la: 1Wa.17 : 8-14
Vèsè pou resite: Paske men pawòl Seyè a, Bondye pèp Izrayèl la, di: Ti bòl farin frans lan ak ti boutèy lwil oliv la p'ap janm vid jouk jou mwen menm Seyè a m'a fè lapli tonbe sou latè ankò. **1Wa. 17 : 14**
Fason pou fè leson an : Diskou, konparezon, kesyon
Bi leson an : Montre ki jan Bondye fidèl nan Pawòl li.

Pou komanse
Tout moun konnen ke sikonstans yo ka chanje, men Bondye li menm, li pa janmen chanje. Se li ki gen kontwòl tout sa kap pase. Kite m mennen w kounyeya nan lavil Sarepta.

I. An nou antre kay yon fanm vèv.
Li nan yon pwoblèm li pat kapab evite. Sak pase ? Se mari l ki mouri.
1. Li nan yon kondisyon li pat kap evite : Li pa genyen mwayen pou l viv. 1Wa.17 : 11-12
2. Malgré tou, Letènèl ogmante mizè l ; li voye pwofèt Eli kote l, pou l bay manje e ladòmi nan pòch li.
Li te dakò fè sa pou l obeyi Bondye. 1Wa.17 :9

II. Kounyeya, an nou ale bò gwo dlo Kerit la
1. Men yon malè ki rive : Gwo dlo a teri, pye bwa yo chèch, tout fèy bwa tonbe. Pa gen ti gout dlo nan larivyè a. 1Wa.17 :7
2. Konsa, kòbo ki te konn pote manje pou pwofèt Eli a pa vini ankò.

3. Men yon lòt malè ki rive : pwofèt Eli pa gen ni manje, ni kay kote pou l rete.

III. Ki jan Bondye pote l sekou
1. Li voye pwofèt grangou saa kay yon vèv ki grangou, nan lavil Sarepta. 1Wa.17 :9
2. Vèv la te pè resevwa l, men Eli gen bon bouch, li di l, li **mache ak benediksyon Bondye sou li**. Li di vèv la : « Ou pap manke manje toutotan ke lapli poko tonbe nan peyi a». 1Wa. 17 : 13-14
3. Se te yon gras pou vèv la e yon soulajman pou pwofèt la ki jwen ladòmi nan yon kay e ki pral manje sou yon tab. 1Wa. 17 : 15,19
   Pandan tan saa, pitit gason vèv malad, e li mouri mò sibit. Gras a aksyon Sentespri Bondye nan pwofèt la, pitit la revni. 1Wa.17 :21

Pou fini

Nou wè ke tout bagay, menm maladi, menm move tan, menm epidemi e menm lanmò , yo la pou rann sèvis a moun ki renmen Bondye.

Kesyon

1. Nan ki kondisyon vèv la tap viv ?
   Li te nan mizè.

2. Ki sa Letènèl te mande l nan menm moman saa ?
   Pou l bay pwofèt Bondye a manje ak ladòmi.

3. Nan ki ka pwofèt la te ye ?
   Li pat gen ni kay pou 'l rete ni manje pou'l viv

4. Dapre'w menm, pouki sa Bondye te voye pwofèt la kay yon vèv?
   Pou chanje sityasyon yo toulede

5. Eksplike :
   a. Gremesi prezans pwofèt la, vèv la ap gen manje pou'l manje pandan plizyè lane.
   b. Pitit gason'l ki te mouri, te vin resisite gras a pisans Bondye nan pwofèt la.
   c. Gremesi jenerozite vèv la, pwofèt la jwen manje ak ladòmi.

Leson 4
Sikonstans Nan Vi Moun Ki Renmen Bondye

Tèks sou leson an : Sòm.37 :5 ; Pwo.3 :26 ; Eza. 60 :22 ; Jan.16 : 33 ; Wom.8 :32 ; Fil.4 :6
Tèks pou li nan klas la: Fil.4 : 4-7
Vèsè pou resite: Ou p'ap bezwen pè: malè p'ap rete konsa pou l' tonbe sou tèt ou. Ni tou, sa ki rive mechan yo p'ap rive ou. Paske se Seyè a ki tout espwa ou. Li p'ap kite ou pran nan pèlen. **Pwo. 3 : 25-26**
Fason pou fè leson an : Diskou, konparezon, kesyon
Bi leson an : Montre ke kretyen sa yo sou kont Bondye pou defans yo.

Pou komanse
Chak jou kreyati Bondye gen pou lite kont pwoblèm la vi a. Ki jan pou yon kretyen gen viktwa nan yo?

I. Yo dwe konnen ki pwoblèm yo genyen.
1. Apre sa, yo dwe pote l bay Bondye e yo dwe kwè ke se Bondye sèl ki kap rezoud yo. Sòm.37 : 5
2. Vi yo toujou andanje ke pafwa yo pa menm konnen. Sèlman yo konnen ke anj Bondye yo rapid pou bay yo pwoteksyon. Pwo.3 :26
    a. Pwoblèm ka tout kalite.
       Yo kap vini sanzatann. Lè sa Bondye di yo : « Pa pè. Malè pap rete konsa pou l tonbe sou tèt ou ». Pwo.3 :26
    b. Yo gen dwa pa konprann pwoblèm nan. Bondye pa mande nou pou nou konnen tout bagay. Bib la di nou : « Pa bay kò nou traka pou anyen. Men nan tout sikonstans, mande Bondye tou sa nou bezwen nan lapriyè. Fil.4 : 6

II. Ki jan sikonstans yo konn prezante ?

1. Souvan, yo vini lè nou pa ta kwè. Nou ka fè pèd, nou ka konnen revokasyon, kontraryete, maladi, transfè, fanmiy ki bandonen nou. Wom.8 :32
    a. Nan tan ki fè Bondye plezi, lap reponn priyè yo. Eza. 60 :22b
    b. Vi èspirityèl yo pa sou kont ni gouvèman, ni bandi, ni konpayi asirans, ni doktè.
    c. Li pa non plis sou kont byen paran ka mouri kite ou byen sou kont moun nan peyi etranje. Vi yo egzakteman kote Bondye bay yo randevou.

Pou fini

Si w renmen Bondye tout bon, bay li dwa pou'l okipe tout sa ki regade vi'w. Bay li glwa pou viktwa'w ki déjà asire sou bwa kalvè a. Piske li déjà gen viktwa pou rou, fè fèt pou viktwa'w. Jan.16 :33

Kesyon

1. Ki pozisyon yon kreteyen devan pwoblèm ?
   a. Li dwe chèche konnen pwoblèm nan.
   b. Li dwe potell bay Bondye ki gen solisyon pou tout

2. Ki jan pwoblèm yo konn prezante ?
   a. Pafwa sanzatann.
   b. Pafwa nan yon fason ou pa konprann.

3. Ki jan kretyen an dwe pou l reyaji ?
   Li dwe renmèt tout pwoblèm li nan men Bondye.

4. Ki jan sikonstans yo konn prezante ?
   Nan fason nou pa ta kwè

5. Ki sa kretyen an dwe fè ?
   Li dwe bay Bondye glwa pou repons la ki pap pran tan pou l rive.

Leson 5
Ki Atitid Kretyen Sa Yo Nan Move Tan

Tèks sou leson an : 1Sam.17 : 34-36 ; Sòm.24 : 9-10 ; 34 :2-20 ; 42 : 8 ; 60 :14 ; 136 :1 ; Eza.41 :10 ; Wom.8 :35-39 ; Fil.4 :13 ; Ebre.12 : 12
Tèks pou li nan klas la: Sòm.34 :2-8 :
Vèsè pou resite: Tout nasyon yo te sènen m', Men, avèk pouvwa Seyè a, mwen kraze yo nèt. **Sòm.118 :10**
Fason pou fè leson an : Diskou, konparezon, kesyon
Bi leson an : Montre ke pwoblèm nou se reskonsablite Letènèl.

Pou komanse
Pou'w pran pwoblèm tankou se yon mwayen pou mezire fòs ou, se pou'w wè yo tankou se yon match bòks. An nou wè atitid kretyen sa yo nan move tan.

I. **Pou yo menm, pwoblèm se yon Lekòl pou fòme yo.**
   Pa gen moun ki pou fè yo achte kay nan **ri Plenyen Mize ak Mimir**. Yap kouri achte kay, menm si l piti, nan katye **Lwanj ak Viktwa nan Bondye**.
   Sòm. 24 : 9-10 ; 34 : 2
   1. Pwoblèm la pou fòme karaktè yo.
      a. Se èspò yap fè pou yo gen gwo ponyèt èspirityèl nou rele lafwa ak krent pou Bondye.
         Ebre.12 : 12
      b. Se yon antrènman pou prepare yo pou yo kontre ak lèdmi yo.
         David te konn bat Lyon ak Tig. Sa fè ke touye Goliat, pou li, se te jwèt ti moun.
         1Sam.17 : 34-36

2. Pou yo menm, pwoblèm se yon èstaj yap fè ak Bondye ki kapitèn ekip la pou antrene yo.
   a. Ak Bondye bò kote yo, yap fè bèl bagay nan lagè. Se li menm kap kraze lènmi yo anba pye. Sòm.60 : 12
   b. Apòt Pòl di : « Nenpòt sityasyon ki parèt devan mwen, map degaje m, gremesi Kris la ki ban mwen fòs kouraj. Fil. 4 : 13
3. Pwoblèm yo se masaj yo ye pou vi èspirityèl yo. David ta di : « Yon lanm lanmè rale'm, yon lòt lanm lanmè pase sou mwen.» Sòm.42 :8b
   Eprèv yo fè ale vini nan la vi yo, men yo konnen Bondye la pou dominen yo. Ezayi.41 : 10
4. Eprèv yo ede 'w konnen moun wap viv ak yo, moun ki zanmi 'w tout bon ak lèdmi kache yo. Se tou nomal ke malè rive 'w souvan. Konsa ou priye Bondye **pi souvan** paske ou gen delivrans toutan. Sòm. 34 : 20
5. Pwoblem ede 'w pou 'w apresye fidelite Bondye pi plis e pou 'w temwaye de mizerikòd li. Sòm.136 :1

Pou fini

Si w renmen Bondye, pote pwoblèm ou yo bay li e bay li glwa pou delivrans ou yo.

Kesyon

1. Ki jan kretyen yo wè pwoblèm?
   a. Pou yo menm, pwoblèm se yon Lekòl pou fòme yo.
   b. Se yon estaj yap fè anba Bondye ki kapitèn ekip yo
   c. Se yon masaj pou vi èspirityèl yo

2. Ki sa yo pwofite nan pwoblèm yo ?
   a. Pwoblèm fòme karaktè yo.
   b. Yo ede yo konnen ak ki jan de moun yap viv.
   c. Yo ede yo apresye fidelite Bondye.

3. Nan ki katye kretyen sa yo pap achte kay ?
   Katye Plenyen ak Mimire.

4. Ki kote yap chèche pou yo rete ?
   Nan katye Lwanj pou Bondye ak Viktwa nan Bondye

5. Ki jan kretyen sa yo pran malè ki rive yo toutan ?
   a. Tankou okazyon pou yo priye Bondye pi souvan pandan yap tann delivrans yo.
   b. Tankou masaj pou vi èspirityèl yo

Leson 6
Pouki sa Bondye Dakò Pou Kretyen ka an Danje?

Tèks sou leson an : Joz.11 :20 ; Sòm.34 :8, 20 ; 56 :14 ; Eza.52 :10 ; Mat.6 :13 ; Jan.15 :5 ; Wom.12 :1-3 ; 1Kor.6 :19-20 ; 1Tès.5 :23 ; 2Tim.3 :12

Tèks pou li nan klas la: Wom.12 :1-3

Vèsè pou resite: Paske ou pa kite m' mouri, ou pa kite m' bite, pou m' kapab mache devan ou nan mitan bèl limyè k'ap klere moun k'ap viv pou ou yo.
Sòm.56 :14

Fason pou fè leson an : Diskou, konparezon, kesyon

Bi leson an : Montre ke Bondye vle bay nou prèv ke li ak nou sitou lè nou nan tribilasyon.

Pou komanse
Tout lekòl gen yon egzamen obligatwa pou' w gen dwa pase nan yon lòt klas. Nan Lekòl Kris la se menm bagay. Pouki sa?

I. Tou dabò se pou fòme nanm nou.
    Satan toujou ap menase nou. Men Jezi ke yo rele Lanj Letènèl la, **kanpe bò kote nou pou delivre nou** anba malentespri yo. Sòm.34 :8
    1. Sonje ke se pa lòm ki envante ni kò ni èspri. Se Bondye ki mèt yo. Nou pa gen dwa ni **anfèmen'l ni poteke'**l ak Satanledyab. 1Ko.6 :19-20
        a. Jezi bay **kò'l nan sakrifis pou sove nou. Konsa li gen dwa mande nou pou nou ofri li kò** nou tankou yon sakrifis pandan nou vivan, men pou li sen, agreyab a Bondye, pou nou sèvi' l e bay li glwa. Wom.12 :1 ; 1Tès.5 :23

b. Se dèyè kò sa Satan ye pou' l pran nanm nou. Se nan yon batay nou ye la, men fòk nou genyen kan menm. Sòm.56 :14 ; Mat. 6 : 13

II. Answit, pou fè nou sonje ke nou sou kont Bondye nèt ale. Se li ki gen dwa deside pou vi nou.

Jezi te di disip yo : Nou pa kap fè anyen san mwen. Konsa tout zak nap poze san envite Jezi ladan, se yon peche ki kap deteryore relasyon nou ak Bondye. Jan.15 : 5

III. Pou fini, se lè Bondye vle fè regleman ak lèdmi nou yo

Kan Bondye vle vanje'l de lèdmi nou yo, li kare nou menm ak yo e li eksite yo menm pou enbete nou, pou tout moun ka wè sa. Se pou lè lap kase bouch yo pou tout moun te wè ke papa Bondye te gen rezon'l. Joz. 11 :20

Se lè sa li trouse ponyèt li devan tout moun pou' l detri mechan an. Ez.52 :10

Pou fini

Ou menm ki renmen Bondye, toujou mete' w sou gadavou. Rete tann Senyè nou an. Se li sèl ki abit la vi nou e ki gen dwa sifle pou match la fini.

Kesyon

1. Di pouki rezon Bondye konn mete vi nou andanje.
   a. Pou fòme nanm nou
   b. Pou fè nou sonje ke nou sou kont li nèt ale.
   c. Pou fè regleman ak lèdmi nou yo

2. Ki moun ki mèt kò nou ak Lespri nou?
   Bondye.

3. Ki sakrifis Bondye mande nou?
   Kò nou.

4. Ki sa Bondye fè pou' l vanje nou de lèdmi nou yo?
   a. Li kare nou ak lèdmi nou yo.
   b. Li fè yo vin atake nou pou' l kase bouch yo.

6. Ki demach Satan fè pou' l pran nanm nou?
   Li bat pou' l antre nan kò nou avan

Leson 7
Mesaj Ki Soti Nan Vi Yo

Tèks sou leson an : Sòm.1 :1-3 ; 31 :16 ; Eza. 41 : 10 ; 49 :15-16 ; 55 :8 ; Mat.7 :13 ; 13 :30, 41 ; Jan.3 :19-20 ; 25 :1-10 ; Lik.16 :25 ; 2Kor.12 :10 ; Kol.3 :1-13
Tèks pou li nan klas la: Mat.25 :1-10
Vèsè pou resite: Lavi m' nan men ou. Delivre m' anba lènmi m' yo, anba moun k'ap pèsekite m' yo. **Sòm.31 :16**
Fason pou fè leson an : Diskou, konparezon, kesyon
Bi leson an : Montre ki jan Bondye proteje moun sa yo.

Pou komanse
Eske nou konnen gen moun ki kwè si kretyen gen eprèv se paske Bondye pa kapab fè anyen pou yo ? Janmen !

I. Men sa moun ki pa konveti yo pa konnen :
1. Yo pa konnen ke Bondye pa aji tankou nou menm. Ezayi.55 :8
   a. Se Bondye ki kapitèn ekip nou an. Toutan, li mete nou nan antrènnman nan vi èspirityèl nou pou nou pa jwe ak nanm nou. Sòm.1 :1-3
   b. Kan malè rive nou, Satan fete. Li pa konnen : Kan nou fèb se atò nou fò. 2Kor.12 : 10
   c. Abraram ta di nonm rich la kap soufri kote tout mò yo ye a : « Pitit mwen, sonje byen ou te resevwa tout byen' w pandan' w te sou latè. Lè sa menm, Laza te nan tout mizè

li. Koulye a, li jwen konsolasyon isit la, ou menm wap soufri. Lik.16 : 25

2. Yo pa konn sa Bondye ap fè ak desten nou:
   a. Bondye grave nou sou plat men' l.
      Sòm.31 :16 ; Eza. 49 : 16
      Se konsa li anpeche nou pran chemen kwochi pou nou pa pèdi. Mat.7 : 13
   b. Li montre' l fidèl a nou. Eza.41 :10
   c. Li bay nou sa nou pa merite.

3. Mokè yo pa menm wè ke Bondye fè espre mete pitit li ap viv nan mitan yo.
   Gade byen : Jennfiy ki gen bon konprann yo tap viv nan mitan jennfiy tèt chaje yo. Mat. 25 :1-10
   Nan yon parabòl Jezi montre bon grenn kap grandi nan mitan move zèb yo. Jezi di :
   a. « Kite yo grandi ansanm jouk lè rekòt la. Lè saa, ma di moun kap ranmase rekòt la : Rache move zèb yo avan. Mat.13 :30, 41
   b. Se la jijman mechan an ap soti paske Bondye te mete pitit li nan mitan yo tankou limyè pou klere yo, men yo pito viv nan peche yo. Jan. 3 :19-20

Pou fini
Ou menm ki mechan kale zye 'w byen, ou va wè ki jan match la ap fini. Ma regrèt sa pou w.

Kesyon

1. Ki sa moun ki pa konveti yo konprann mal?
   Yo kwè ke eprèv kretyen se madichon yo genyen

2. Ki sa yo pa konnen ?
   a. Fason Bondye aji pa menm jan ak fason pa yo
   b. Eprèv yo se èstaj Bondye ap fè nou fè toutan pou nou pa chite

3. Ki sa mokè yo pa konnen ?
   Yo pa konnen vrè rezon an pouki Bondye mete nou viv nan mitan yo.

4. Bay nou de (2) egzanp
   a. Jennfiy bon konprann yo tap viv nan mitan jennfiy tèt chaje yo.
   b. Bon grenn yo te nan mitan move zèb yo

5. Ki adrès kretyen yo ?
   Yo chita sou plat men Letènèl

Leson 8
Wòl Sentespri a Nan Vi Moun Bondye Rele

Tèks sou leson an : Eza.57 :16 ; Mat.11 :25 ;
Jan. 14 :6; 16 :13, 24; Tra.5 :3-4; 8: 18-23; 1Kor.10 :13;
2Kor.11 :24-26; 2Tim. 3 :12 ; 4 :6 ; Jid 24
Tèks pou li nan klas la: Jan.16 :12-15
Vèsè pou resite: Men, li menm Lespri k'ap moutre verite a, lè la vini, la mennen nou nan tout verite a **Jan.16 :13a**
Fason pou fè leson an : Diskou, konparezon, kesyon
Bi leson an : Montre ki jan Sentèspri a kontinye travay Jezikri te komanse

Pou komanse
Eske 'w ka imajinen la vi yon kretyen san prezans Bondye. Se yon bagay ki enposib ! Bon, eske' w ka di nou ki jan yo viv ?

I. **Yo viv sèlman gras a pisans Sentèspri a.**
   1. Wòl li se pou bay tout verite pou tout moun yo Bondye rele a. Sonje' m di nou « Tout verite a » Jan.16 :13
      a. Li revele yo koze ki te sekrè. Mat.11 :25 Tout sa Ananyas ak Safira fè pou bay Pyè manti, Sentespri a denonse yo. Tra.5 :3-4
      b. Menm Sentèspri saa nan apòt Pyè, kraze pisans majisyen yo te rele Simon an. Tra.8 :18-23
   2. Li bay yo kouraj estraodinè pou sipòte soufrans ke yon moun konsa konsa pat kapab sipòte. 1Kor.10 :13

a. Par egzanp, apòt Pòl pran 39 kout baton pandan senk fwa. Se pa de soufrans li pase apre sa, men li pa trayi fwa 'l. 2Kor.11 :24 - 26 ; 2Tim.4 :6-7
c. Sentèspri a anpeche yo chite paske yo la pou nanm yo sove. Jid 24
d. Bondye pa pran plezi pou fè yo soufri, men li vle fè yo sanble ak pitit li Jezikri. Eza.57 :16 ; 2Tim.3 :12

II. Yo dwe sèlman rete nan chemen Kris la. Jan.14 :6

Jezi di :Mwen se chemen an. Sa vle di : « Mwen se egzanp la pou nou swiv la.

Premye moun ki pase nan yon wout, se moun nan ki fè wout la. Tout lòt moun vini apre li. Jezi déjà pase nan tout wout soufrans nap pase kounyeya: e li avèti nou. Men li di nou : « Kenbe fèm , mwen déjà gen viktwa pou nou. Mwen ap tan nou nan dènye li n nan lè match lavi a fini. Jan.16 :24

Pou fini

Gade figi' w nan **miwa saa** pou' w wè si'w sanble ak Kris. Si se pa sa, bat pou'w repanti.

Kesyon

1. Koman yon kretyen ka viv tankou kretyen san 'l pa chite ?
    a. Sèlman ak pisans Sentèspri a sou li
    b. Sèlman lè li rete nan chemen Levanjil la.

2. Ki wòl Sentèspri a nan vi kretyen an ?
    a. Li la pou' l fè' l konnen tout verite a.
    b. Li bay li fòs pou li kenbe fèm nan eprèv yo.
    c. Li ede' l pou 'l pa chite.

3. Ki sa chemen an vle di nan leson an?
    Jezi se egzanp la pou nou swiv.

4. Koman nou dwe wè soufrans yo ?
    Tankou yon eprèv nap sibi ak fwa nou, men nou konnen viktwa déjà chita la.

5. Ki sa pou nou fè ?
    Se pou nou bay Bondye lwanj menm si batay la poko fini.

Leson 9
Moun Bondye Rele Ke'l Te Chwazi Davans.

Tèks sou leson an : Jan.14 :6-14 ; Wom. 3 :23 ; 6 :23; 8:27-39; 2Kor.7:1; Ef.2:8; Fil.4:6; 1Tès.5:23-24; Ebre.2:11; 1Jan.1:9
Tèks pou li nan klas la: Wom.8 :27-30
Vèsè pou resite: Se konsa, Bondye rele tout moun li te mete apa depi davans yo, li fè yo gras epi moun li fè gras yo, li ba yo lwanj tou. **Wom.8 : 30**
Fason pou fè leson an : Diskou, konparezon, kesyon
Bi leson an : Montre ke Sali nou se yon bagay ke Bondye garanti.

Pou komanse
Bondye déjà konnen tout sa ki pral pase nan lavi nou. Ki jan pou nou reaji nan ka sa?

I. **Se pou nou konnen ke nou fè parti de jenerasyon ki vini ak Jezikri.**
   1. Adan te vini ak premye jenerasyon an. Li te wè bagay latè sèlman. Chemen li komanse nan Jaden Edenn nan e li mennen nou nan pèdisyon. Wom.3 :23 ; 6 :23
   2. Jezi se dènye Adan an. Li vini ak dezyèm jenerasyon an. Li pran nou depi nan bwa Kalvè a pou li mennen nou kay papa Bondye nan syèl la. Jan.14 :6 ; 1Kor.15 : 49
      a. Jezi pote tout peche nou sou li . Li padonen tout peche nou e li peye pou tout inikite nou. 1Jan.1 :9
      b. Avan nou rive nan syèl la, li fè nou san tach 2Kor.7 : 1 ; 1Tim.5 :23-24

    c. Li bat pou fè nou sanble ak li, li rele nou frè paske nou pa robo ni makak. Konsa tou , li fè nou lib pou pran desizyon nou. Li pa janmen fòse pèsonn. Wom. 8 : 29 ; Ebre.2 :11
    d. Reskonsablite nou se pou nou kite' l dirije lavi nou pou nou aji dapre volonte'l. Fil.4 :6

II. Li bay nou bon adrès pou nou jwen ak li.
    1. Bondye bay nou lafwa. Se fwaa ki telefòn nou kap mache ak li. Tout kout telefòn nou fè bay papa Bondye nan lapriyè, yo deja peye nan baz bwa Kalvè a ak yon sèl chèk ki siyen ak san JeziKri. Jan.14 :14
    2. Devwa nou se priye papa Bondye, bay li lwanj ak tout kè nou. Fil.4 :6

Pou fini

Se vre ke nou reskonsab sa nou fè, men Bondye li menm, li reskonsab pou sove nou. Mwen ta soupriye ' w pou' w deside pran Sali sa gratis gremesi fwa' w nan JeziKri. Ef.2 :8

Kesyon

1. Ki moun ki reprezante premye jenerasyon an?
   Adan

2. Ki wout li fè ?
   Li soti nan Jaden Eden nan pou li ale nan pèdisyon.

3. Ki moun ki reprezante dezyèm jenerasyon an ?
   Jezikri

4. Ki wout li fè ?
   Li soti nan kwa Kalvè a pou li rive nan syèl la

5. Ki jan Kris rele nou?
   Frè l

6. Pouki sa ?
   Paske se moun nou ye. Nou reskonsab sa nou fè.

7. Ki mwayen Bondye bay nou pou nou pale ak li ?
   Fwa nou

8. Ki jan pou nou sèvi ak li ?
   Nan lapriyè, nan lwanj a Bondye

Leson 10
Moun Bondye Rele Ke Li Fè Yo Gras

Tèks sou leson an : Mat.11 :28 ; Lik.2 :14 ; Wom.3 :10 ; 5 :1 ; 8 : 2-30; Eb.12 :9 ; 1Tim.2 :3-4 ; Fil.2 :13 ; 1Jan. 2 :1 ; Rev.12 :10

Tèks pou li nan klas la: Wom. 8 :2-30

Vèsè pou resite: Koulye a, paske nou gen konfyans nan Bondye, Bondye fè nou gras, n'ap viv san kè sote ak Bondye, gremesi Jezikri, Seyè nou an. Wom.**5 :1**

Fason pou fè leson an : Diskou, konparezon, kesyon

Bi leson an : Bay lwanj a Jezi ki avoka nou

Pou komanse
Nan pwen bagay ki bay avoka pwoblem konsa kant yon kliyan di ke li inosan. Jezi, se avoka nou nan syèl la. Li louvri biro li sou bwa Kalvè a. Li rele tout pechè ki fatige e chaje ak fado peche yo, e li pwomèt pou' l delivre yo. Mat. 11 :28

I. **Dapre ou, ki moun li rele?**
    1. Li rele tout moun
    Li vle sove ni Jwif, ni payen. 1Ti.2 :3-4
    a. Li konnen ke tout moun gen fado peche ya' p pote. Mat.11 :28 ; Wom.3 :10
    b. Li vinn ofri la pè a tout moun ki dakò pou rekonsilye ak papa Bondye. Lik.2 : 14
    c. Se nan moman saa Sentespri travay nan kè yo pou yo fè volonte Bondye. Fil. 2 :13

II. **Pouki sa li rele tout moun ?**
    1. Se paske Satan kanpe la pou akize nou. Li aji sou vye tandans nou gen nan chè nou pou' l

jwen mwayen antre nan nanm nou e fè nou peche. Rev.12 :10
2. Paske Bondye li menm se Papa èspirityèl nou. Li vle nou eritye syèl la ansanm ak pitit li Jezikri ki vini ak nouvèl jenerasyon an. Wom.8 :17 ; Eb. 12 :9
3. Se konsa nou obeyi Bondye e nou jete tout envitasyon Dyab la bay nou. Ef.5 :11
4. Nou bite fasil, fasil. Satan konn sa. Se sa ki enterese'l l. Men Jezi li menm , li enterese a sove nou. Se pou rezon sa li kanpe tankou avoka pou defann kòz nou devan Papa Bondye. Wom.5 :1 ; 1Jan. 2 :1

Se poutèt sa, pa gen kondanasyon pou moun ki pran Jezi pou sovè yo. Wom.8 :1

Pou fini

Moun nan ki sove pi gran pechè a se Papa Bondye. An nou mete nou ansanm pou bay li glwa.

Kesyon

1. Ki pi gwo pwoblèm yon avoka kap defann yon klyan ?
   Se kan klyan ap di li inosan.

2. Ki avoka nou nan syèl la ?
   Jezikri

3. Ki moun ki klyan' l ?
   Tout moun ki fatige e chaje ak peche yo.

4. Pouki sa li rele yo ?
   a. Paske Satan la pou akize yo
   b. Paske Bondye vle sove yo e pran yo pou pitit li.

5. Ki sa avoka nou nan syèl la regle pou nou ?
   Li wete anba men Satan tout moun ki pran' l pou avoka.

Leson 11
Moun Bondye Fè Gras, Li Ba Yo Lwanj

Tèks sou leson an : Mat.25 :44-46 ; Jan.14 :2-3 ; Wom.8 :30 ; Ef.1 :21-22 ; 1Tès.2 :12 ; 2Tès. 2 :14; 1Pyè. 4 :13; 5: 4; Eb. 1:14; 2:11; 4 :14; Rev.5:8; 14:13; 21: 3-12

Tèks pou li nan klas la: Wom. 8 :27-39

Vèsè pou resite: Paske, moun Bondye te konnen depi davans pou moun pa l' yo, depi davans tou li te mete yo apa pou yo te kab sanble ak Pitit li a. Konsa, Pitit sa a pase pou premye pitit nan yon bann frè. **Wom.8 :29**

Fason pou fè leson an : Diskou, konparezon, kesyon

Bi leson an : Se pou pale de glwa yon kretyen nan syèl la yon jou ak Jezikri.

Pou komanse

Gade Jezi ! Li travèse syèl la pou vinn jwen nou ! Pouki rezon li fè sa ? Ou vle konnen ? : Ebyen, bon ! Li vinn chèche nou. Li déjà fè plas pou nou chita kote l nan syèl la. Li fè nou gras ! Li bay nou lwanj ! Men li ! Jan.14 : 2-3 ; Wom.8 : 30 ; Eb.4 :14

I. **Ki jan de fyète nou pral genyen ?**
   1. Jezi pral chita a dwat nou tankou fiyanse nou ki kenbe pwomès li. Jan.14 :3
   2. Li pral wa sou tout moun e sou tout bagay. Ef.1 : 21-22
   3. Nan syèl la, nou pral pataje glwa li ak tout lòt privilèj nou pat janmen èspere. 1Tès.2 :12 ; 2Tim.2 :14 ; 1Pyè.4 :13
   4. Nou pral pote sou tèt nou yon kouwòn ki pap janmen rouye. 1Pyè.5 :4

5. Kris pral prezante nou ofisyèlman tankou frè li devan Papa Bondye. Eb.2 :11

II. Ki reskonsablite nou genyen tankou madanm li ?

1. Nou gen pou pase tout letènite ap bay li glwa. Pouki sa ?
    a. Paske li te siye dlo nan zye nou
    b. Paske nou pa gen doulè kap nwi nou ankò
    c. Paske nou pa gen okenn sousi ankò. Rev.21 :3
2. Pouki sa ankò ?
    a. Pou bèl kay annò e kristal n'ap abite, yon kay ki bare ak gwo miray pou bay nou sekirite nan pye Papa Bondye. Rev.21 :10-12
    b. Pou albòm vi nou kote Jezi pral montre nou tout sa zanj yo te konn fè a kote nou kant nou te sou la tè. Eb.1 :14
    c. Pou sal kote Bondye te konsève tout priyè nou ak tout repons yo e tout bon zèv nou te fè nan non Jezikri.
       Mat.25 : 44-46 ; Rev.5 :8 ; 14 :13
    d. Pou tout mèvèy nan lòt inivè yo ke nou pral dekouvri ansanm ak li.

Pou fini

Depi kounyeya, an nou rejwi nan kè nou pou tout sa nou pral viv !

Kesyon

1. Pouki sa Jezi kite syèl la pou vin jwen nou ?
   Li vini pou sove nou , pou lage nou nan prizon peche e leve tèt nou.

2. Ki fyerte nou pral genyen ?
   a. Nou pral chita kote Jezi nan syèl la.
   b. Nou pral viv nan glwa li.
   c. Nou pral gen kouwon annò sou tèt nou.
   d. Kris pral prezante nou tankou fiyanse l a Papa Bondye.

3. Ki reskonsablite nou tankou fiyanse l ?
   Nou pral pase tout letènite ap bay li glwa.

4. Bay nou 4 rezon pou sa.
   a. Pou Sali ak sekirite pou toutan
   b. Pou dlo nan zye nou ke Kris siye
   c. Pou albòm vi nou li va montre nou
   d. Pou tout mèvèy li pral fè nou dekouvri

Leson 12
Ki Desizyon Nou

Tèks sou leson an : Mat. 28 :20 ; Wom.8 :1-39; Fil.4 :19 ; 1Jan.2 :1 ;
Tèks pou li nan klas la: Wom.8 :35-39
Vèsè pou resite: Paske, mwen gen lasirans anyen pa ka fè nou pèdi renmen Kris la gen pou nou: ni lanmò, ni lavi, ni zanj Bondye yo, ni lòt otorite ak pouvwa ki nan syèl la, ni bagay ki la jòdi a, ni sa ki gen pou vini pita, ni pouvwa ki anwo nan syèl la, ni pouvwa ki anba tè a. Non. Pa gen anyen nan tout kreyasyon Bondye a ki ka janm fè nou pèdi renmen Bondye fè nou wè nan Jezikri, Seyè nou an. **Wom.8 :38-39**
Fason pou fè leson an : Diskou, konparezon, kesyon
Bi leson an : Leve Legliz fidèl la devan Jezi yon epou fidèl.

Pou komanse
Avan yo pran yon desizyon nètale, moun ki renmen Bondye yo poze twa (3) kesyon ke nou pral reponn :

Men Kesyon yo e men repons yo tou :
1. Ki moun ki ka akize moun Bondye sove yo?
   Répons : Se Bondye ki delivre nou. Si nou peche Jezi kanpe bò kot papa li pou defann nou tankou avoka nou. 1Jan.2 :1
2. Ki moun ki ka kondanen yo?
   Répons : Jezi déjà peye pou sove nou. Pa gen okenn kondanasyon pou moun ki renmen Bondye. Wom. 8 : 1, 33

3. Ki sa ki pou retire lamou pou Kris nan kè nou ?
   Répons :
   a. Men bagay nan monn nan ki pa kapab separe nou de amou Kris la :
   Tribilasyon, grangou, touni, malè, lagè. Wom.8 : 35
   Paske Bondye pran swen nou nan tout bagay pou li kap jwen glwa nan Jezikri. Fil.4 : 19
   b. Men bagay nan monn envisib la ki pa kapab separe nou de amou Kris la :
   Lanmò, lavi, zanj yo, ni lòt otorite ak pouvwa ki nan syèl la, ni bagay ki la jòdi a, ni sa ki gen pou vini pita, ni pouvwa ki anwo nan syèl la, ni pouvwa ki anba tè a. Wom.8 :38-39
   Paske Jezi di ke li va la ak nou toulejou jouk sa kaba. » Mate. 28 :20

Pou fini

Pwoteksyon kretyen genyen nan kòl, nan nanm li e nan espri li, se yon pi gwo prèv de fidelite Bondye. An nou renmen Bondye.

Kesyon

1. Ki moun ki kap akize moun Bondye sove?
   Pèson paske se Kris ki avoka yo

2. Ki moun ki kap kondanen yo ?
   Pèson paske Jezi déjà payé frè pou lage yo.

3. Ki bagay nan monn sa ki pa kapab separe kretyen an de Jezikri ?
   Tribilasyon, grangou, touni, malè, lagè

4. Ki bagay nan monn envizib la ki pa kapab separe kretyen de lanmou Kris ?
   Lanmò, zanj yo, tout lòt pisans yo

5. Pouki sa ?
   Paske Jezi ap kanpe ak yo toulejou, jouk sa kaba.

Lis Vèsè Yo

1. Apòt yo kite Gran Konsèy la. Yo te kontan dèske Bondye te wè yo merite pou moun te avili yo konsa poutèt non Jezi. Tra.5 :41

2. Tansèlman, nou konn sa byen: nan tout bagay, Bondye ap travay pou byen tout moun ki renmen l', pou byen tout moun li te fè lide rele. Wom.8 :28

3. Paske men pawòl Seyè a, Bondye pèp Izrayèl la, di: Ti bòl farin frans lan ak ti boutèy lwil oliv la p'ap janm vid jouk jou mwen menm Seyè a m'a fè lapli tonbe sou latè ankò. 1Wa.17 :14

4. Ou p'ap bezwen pè: malè p'ap rete konsa pou l' tonbe sou tèt ou. Ni tou, sa ki rive mechan yo p'ap rive ou. Paske se Seyè a ki tout espwa ou. Li p'ap kite ou pran nan pèlen.. Pwo. 3 :25-26

5. Tout nasyon yo te sènen m', Men, avèk pouvwa Seyè a, mwen kraze yo nèt. Sòm.118 :10

6. Paske ou pa kite m' mouri, ou pa kite m' bite, pou m' kapab mache devan ou nan mitan bèl limyè k'ap klere moun k'ap viv pou ou yo. Sòm.56 :14

7. Lavi m' nan men ou. Delivre m' anba lènmi m' yo, anba moun k'ap pèsekite m' yo. Sòm.31 :16

8. Men, li menm Lespri k'ap moutre verite a, lè la vini, la mennen nou nan tout verite a. Paske li p'ap pale pawòl pa li. Jan.16 :13a

9. Se konsa, Bondye rele tout moun li te mete apa depi davans yo, li fè yo gras epi moun li fè gras yo, li ba yo lwanj tou. Wom.8 :30

10. Koulye a, paske nou gen konfyans nan Bondye, Bondye fè nou gras, n'ap viv san kè sote ak Bondye, gremesi Jezikri, Seyè nou an. Wom.5 :1

11. Paske, moun Bondye te konnen depi davans pou moun pa l' yo, depi davans tou li te mete yo apa pou yo te kab sanble ak Pitit li a. Konsa, Pitit sa a pase pou premye pitit nan yon bann frè. Wom.8 :29

12. Paske, mwen gen lasirans anyen pa ka fè nou pèdi renmen Kris la gen pou nou: ni lanmò, ni lavi, ni zanj Bondye yo, ni lòt otorite ak pouvwa ki nan syèl la, ni bagay ki la jòdi a, ni sa ki gen pou vini pita, ni pouvwa ki anwo nan syèl la, ni pouvwa ki anba tè a. Non. Pa gen anyen nan tout kreyasyon Bondye a ki ka janm fè nou pèdi renmen Bondye fè nou wè nan Jezikri, Seyè nou an. Wom.8 :38-39

Evalyasyon

1. Nan douz leson yo ou soti wè a, ki lès nan yo ki pi touche w ?
    a. Pou tèt pa w ? _____
    b. Pou fanmiy w? _____
    c. Pou Legliz ou? _____
    d. Pou peyi w? _____

2. Ki desizyon w apre klas la?
   _____

3. Ki konsèy ou ta bay a Lekol dimanch la :
   _____

4. Kesyon pèsonèl :
    a. Ki jan de kontribisyon mwen te kap pote nan Legliz la? _____
    b. Ki jefò mwen fè pou m amelyore kondisyon l
       _____
    c. Si Jezi vini kounyeya eske mwen pral fyè de travay mwen? _____

DIFE KRAZE BRIZE

Dife 20 - Seri 2

AK KI FANM OU MARYE ?

Avangou

Alo mesye, relasyon'm ak madanm mwen, se yon bagay prive. Sa dwe rete ant mwen menm avè l.
Sèlman, si w ta vle listwa pale ak ou, mwen ta refere' w a bib la. Li menm, li kap montre ' w albòm vi kèk moun marye san li pa konpwomèt pèsonn. Se ou menm kounyeya ki ka di sa w panse.

Pastè Renaut Pierre-Louis

Leson 1
Mwen Bay Madanm Mwen Non Ev

Tèks sou leson an : Jen.2 :1-24 ; 3 :1-23
Tèks pou li nan klas la: Jen.3 :1-6
Vèsè pou resite: Nonm lan reponn. Fanm ou te ban mwen an, se li menm ki ban mwen fwi pye bwa a pou m' manje, epi mwen manje l'. Jen.3 :12
Fason pou fè leson an : Diskou, konparezon, kesyon
Bi leson an : Pale nou de koman Adan te aji pou konsève maryaj li.

Pou komanse
Adam resi genyen yon madanm. Si 'w ta mande misye pou' l bay ou detay, men sa 'l ta di w :

I. Se Letènèl ki te fè fiyansay mwen.
   1. Li bay mwen yon anèstezi nan tout kò' m. Lè mwen reveye, mwen jwen mwen nan sal rekouvreman an. Sibitman , li fè' m fè konesans ak yon ti dam ki sanble ak mwen: Jen.**2 :22**
      a. Menm lè a, mwen santi yon doulè operasyon kap mache nan zo kòt mwen. Se lè sa tou mwen rann mwen kont pouki rezon mwen sot opere. Jen.2 : 21-22
      b. Se depi lè sa tou, zo kòt mwen ap fè' m mal akòz ti madanm nan. Se zo mwen ak kò mwen ki fè' l. Mwen bay ti non Icha ki vle di gason femèl . Jen. 2 : 23

II. Bondye fè maryaj nou
   1. Se li menm ki papa e pastè nan maryaj la.
      a. Li bay nou yon kote tou meble pou nou rete. Jen.2 :15

b. Li bay mwen jòb manejè byen li e li mete madanm mwen anplwaye nan menm biznis la pou 'l ede' m. Jen.2 :15

III. Bondye sove maryaj nou.
Gen yon jou ki rive, madanm mwen kite Satan pran tèt li pou manje yon fwi Bondye te defann nou manje. Pou 'm di 'w la verite, se fòt pa' m :
   a. Li pale' m si tèlman de fwi saa nan mitan jaden an , ke' m manje' l pou' m fè' l plezi. Se feblès pou fanm nan ki fè 'm peche. Jen.3 : 6
   b. Mwen te manke kouraj pou montre otorite' m sou li. Okontrè, mwen mete chaj la sou Bondye paske se li ki te bay mwen madanm nan. Pou pye fwi a menm, li ta dwe chèche lòt kote pou mete' l pou retire' l anba zye nou. Jen. 3 :12
   c. Kounyeya, nou toude nou pèdi djòb nou. Li mete nou toude deyò nan jaden an pou tèt dezobeyisans nou ak ti mwayen nou tap fè. Jen. 3 :23

Pou fini
Lè m byen gade, se Ev sèl mwen genyen, mwen pa kap viv san li.

Kesyon

1. Ki moun ki te deside maryaj Adan ? Bondye

2. Ki moun ki sove maryaj li ? Bondye

3. Ki erè Adan te komèt ? Li te bay fanm nan otorite sou li.

4. Mete yon ti mak devan bon repons la :
   a. Lè Adan reveye apre li opere, li te wè __ yon makak __ de (2) fanm __ Yon doktè __ Ev
   b. Pou fomen fanm nan, Bondye te pran nan Adan __ yon grenn je __ yon zòtey __ Yon zo kòt
   c. Kan yon nonm renmen yon fanm li di' l : Mwen renmen w __ Ak tout pye m __ Ak tout do m __ Ak tout kè m

5. Vre ou fo __
   a. Bondye te bay Adan yon fanm pou 'l eseye __V __F
   b. Adan koute madanm li olye li obeyi Bondye. __V __F
   c. Fwi a se te yon pòm. __V __F
   d. Bondye bay djòb a Adan e madanm li menm kote a. __V __F
   e. Nan maryaj Adan ak Ev, Satan présidé, Bondye preché. __V __F
   f. Bondye béni maryaj Adan ak Ev __V __F
   g. Lè yo chite, Adan blamen Ev e pi yo divòse. __V __F

Leson 2
Madanm Mwen Rele Saraï

Tèks sou leson an : Jen. 12 : 1-20 ; 16 :1-12 ; 18 :1-6 ; 20 :1-18 ; 21 :9-24 ; 23 :1-20
Tèks pou li nan klas la: Jen.20 :1-4, 14-18
Vèsè pou resite: Men pandan lannwit, Abimelèk fè yon rèv, li wè Bondye parèt devan li. Bondye di l'. Gade non, monchè. Ou pral mouri tande, paske Sara se yon madan marye. **Jen.20 : 3**
Fason pou fè leson an : Diskou, konparezon, kesyon
Bi leson an : Montre ke Bondye pini adiltè sitou si wa' l manyen madanm sèvitè' l

Pou komanse
Eske' w konnen ke yon bèl fanm kap fè' w fè sa' w pa ta vle fè ? Se malè sa ki rive m jodia ak Sara.

I. **Mwen menm ak Sara, nou marye lontan**.
   Bondye mande nou pou nou kite Charan, nan Mesopotami pou' n al abite Kanaran.
   Jen.12 : 1, 4-5
   1. Lè nou rive Kanaran, gen yon grangou ki pete e nou te oblije desann nan peyi Lejip. Jen.12 : 10
   2. Men Sara te tèlman bèl, mwen pat vle kidnapè touye' m pou li, mwen mande'l pou m chanje papye imigrasyon' l. Kote pou' m mete madanm mwen, mwen di'l mete sè' m. Jen. 12 : 11-13

3. Lè m konnen mwen finn bon, yo kidnape madanm nan. E sa te fèt de (2) fwa.
   a. Premye fwaa, se te fararon. Jen. 12 : 13-19
   b. Dezyèm fwaa se te wa Abimelèk. Jen. 20 :1-3

II. Mwen fè sa' l mande' m, menm si' m pa dakò.
1. Mwen te genyen yon ti negrès yo rele Aga. Se ti moun nan peyi Lejip ki te rete ak madanm mwen. Lè Sara wè li poko kap gen pitit, li mande'm pou' m kouche ak ti sèvant la pou' m fè yon pitit pou li. Se konsa Izmayèl te fèt. Jen.16 : 1-2,11
2. Se li menm menm ki mande 'm pou 'm mete Aga deyò lakay la ak sèlman yon pen, yon galon dlo. Jen.21 :9-14
3. Konsa kòm Izarak fèt, se li sèl ki va eritye 'm. Jen.15 :4

III. Sara te konn sosyete.
1. Bondye te chanje non'l pou sa. Li rele'l Sara ki vle di pwensès. Jen. 17 : 15
2. Li te konn resevwa moun kay li. Jen. 18 : 1, 6
3. Lè' l mouri, mwen achte yon bèl kavo pou' m mete' l. Jen. 23 : 13-18
4. Li pa janmen chèche korije m, ni mwen menm tou. Nou len asèpte lòt ak tout defo nou. Nou len tolere lòt, menm si nou te de (2) vye gran moun. Bondye te beni nou jan nou ye a.

Pou fini
Li te yon pwensès pou mwen. Tout tan ma'p di'l sa. E ou menm koman ou rele pa'w la?

Kesyon

1. Ki sa ki te yon feblès kay Abraram ?
   Li te pran madanm li tankou yon idòl

2. Ki sa li te fè pou proteje tèt pa' l ?
   Li di ke madanm nan se sè'l.

3. Ki sa Bondye fè pou repwoche' l ?
   Li kite yo kidnape Sara.

4. Montre ke Sara te dominen Abraram.
   a. Li voye Abraram a ti sèvant li Aga pou' l gen yon pitit
   b. Sara mete Aga deyò nan kay la san senk kòb.

5. Ki sa ki te bon nan Sara ?
   Li te konn resevwa moun kay li.

6. Ki sa nou jwen ki te bon nan yo ?
   a. Yo te rete viv ansanm malgre karaktè yo.
   b. Len te asepte lòt. Len te tolere lòt

Leson 3
Madanm Mwen Pote Non'm

Tèks sou leson an : Jòb.1 :1-22 ; 2 : 7-10 ; 19 : 7-29 ; 42 :1-17
Tèks pou li nan klas la: Jòb.2 :6-10
Vèsè pou resite : Jòb di li: -Pe bouch ou la, madanm! W'ap pale tankou moun fou! Lè Bondye ban nou benediksyon, nou kontan. Atò poukisa pou nou plenyen lè li voye malè sou nou? **Jòb.2 :10a**
Fason pou fè leson an : Diskou, konparezon, kesyon
Bi leson an : Montre ke Bondye mete Satan an defi pou l detrui yon sèvitè Bondye jwe anba l.

Pou komanse
Madanm mwen, se mwen ki konnen'l. Si piblik la rive konnen' l, se lè malè frape' m yonn apre lòt.

I. **Jodia a mwen gen sikonstans**.
   1. Ou pa tande yon ti bri lakay la.
      a. Tout ti bòn kay mwen fè grèv. Jòb.19 :15
      b. Mwen pa gen pèson pou resevwa vizitè ki vin swate'm kondoleyans. Mwen pa gen pèson pou bay yo yon ti gout dlo. Poutan, madanm mwen chita la. Mwen pa kap pale ak li.
   2. Pa gen moun ki mande' m pou pitit mwen, ni pou pèd yo déjà konnen mwen fè. Yo pa vle blese maleng mwen.
   3. Poutan madanm mwen pral pale. Se tande m tande' l rele sou tèt mwen e tout moun tande'l ki di'm : Anhan ! Ou rete nan zafè Bondye'w la toujou. Vèkse Bondye byen vèkse, lè'w fini al touye tèt ou. Jòb.2 : 9

II. Pawòl mechan sa yo ki soti nan bouch madanm mwen, fè'm soufri pi plis.
« Chak jou li bay mwen move jan. » Jòb.19 : 17
Se pa ak mwen, se ak richès mwen li te marye.

III. Pouki sa' m pa divòse?
1. Se paske'm konnen ke se Bondye ki frape'm. Jòb.19 : 21
2. Se paske'm konnen ak Bondye m nan, sa pap rete konsa. Jòb.19 :25
3. Se paske' m kwe nan mizerikòd li pou' l leve 'm atè a. Jòb.19 :25
4. Se paske mwen vin konprann ke madanm mwen fè pati de kwa m' ap pote a.
   a. Pita mwen va konprann ke eprev mwen yo, se egzamen Bondye tap pase pou prepare' m pou 'm resevwa pi gwo benediksyon.
   b. Mwen te gen pou' m bay prèv a tout moun ke' w te gen yon bon ou yon move madanm, se pa yon rezon pou viro do bay Bondye.
   c. Atitid mwen nan eprev yo kap pote madanm mwen konvèti. Se ankò yon lòt kondisyon pou Bondye tounen beni m tankou otrefwa. Jòb. 42 : 10-15

Pou fini
Malgre tout sa' w tande a, li rete madanm mwen jouk kounyeya. E ki sa' w fè ak pa 'w la ?

Kesyon

1. Ki sa ki te fè Jòb pi soufri?
   a. Li pa gen pèson nan kay la pou resevwa vizitè yo.
   b. Madanm li bandonen' l e li bay konsey pou' l chite.
   c. Li pa gen pèson pou fè ka de li.

2. Ki jan li te santi' l nan ka saa ?
   Li konprann ke madanm nan te marye sèlman ak richès li

3. Pouki sa Jòb pat divòse ?
   a. Se paske' l konnen ke se Bondye ki frape' l.
   b. Se paske 'l konnen ak Bondye 'l, sa pap rete konsa.
   c. Se paske'l kwe nan mizerikòd li pou leve l atè a.
   d. Se paske 'l vin konprann ke madanm nan fè pati de kwa l' ap pote a

4. Alafen, ki sa' l vin dekouvri ?
   a. Ke eprèv li yo se egzamen Bondye tap pase' l pou prepare 'l pou pi gwo benediksyon.
   b. Ke yon bon ou yon move madanm se pa yon rezon pou yon moun viro do bay Bondye.
   c. Ke atitid ou nan eprèv yo kap pote madanm nan konvèti.

Leson 4
Madanm Mwen Rele Rebeka

Tèks sou leson an : Jen.24 : 1-67 ; 25 :19-34 ; 27 :1-46 ; 35 : 1-29
Tèks pou li nan klas la: Jen.25 :24-34
Vèsè pou resite: Izarak te pito Ezaou, paske li te renmen manje vyann jibye, men Rebeka te pito Jakòb. Jen.25 :28
Fason pou fè leson an : Diskou, konparezon, kesyon
Bi leson an : Montre ke ti pale nan kay la pa ta dwe yon rezon pou yon moun divòse.

Pou komanse
« Nan bon tan tankou nan move tan », Ala yon pawòl moun marye yo konn jwe ak li!

I. Mwen envite nan maryaj mwen ak fiyanse 'm Rebeka
1. Se papa' m Abraram ki te fè chwa sa pou mwen . Jen. 24 : 1-6
2. Rebeka te bèl, li renmen travay e li te yon fanm ki te rèspèkte tèt li. Se apre ventan nap priye, Letènèl resi bay nou de (2) ti jimo. Se te Ezaou ak Jakòb. Jen. 25 : 21, 25-26

II. Ki jan mwen ak madanm mwen te vin gen kont ?
Sa te soti sitou paske nou pat gen moun ki pou te fè edikasyon nou sou fason pou elve ti moun. Nou pran ti moun yo pou ti jwèt. Rebeka pran Jakòb, mwen menm, mwen pran Ezaou.

    a. Mwen pa dakò pou Rebeka pini Ezaou. Konsa tou li pa dakò pou m pini Jakòb.
    b. Rebeka pa di yon mo kant Jakòb achte dwa pi gran nan men Ezaou **pou yon plat lasoup**.
    Jen. 25 :31-34

1. Lè' m santi jou'm pre pou 'm mouri, mwen vle bay tout benediksyon yo a Ezaou **pou yon plat vyann** Jen.27 :7
2. Lè Rebeka tande sa, li fè konplo ak Jakòb pou vole benediksyon Ezaou. Jen.27 : 6-12
3. Li pito swate malediksyon sou tèt pa' l. Sa pa di' l anyen depi Jakòb jwen benediksyon yo nan plas Ezaou. Jen.27 : 13
4. Lè Ezaou wè se tout bon vre ke Jakòb vole benediksyon' l yo, li deside pou' l touye Jakòb. Lamenm, Rebeka di Jakòb pou' l sove kite kay la, pou' l ale jwen frè'l Laban nan Mezopotami. Jen.27 :41-47

Malgre tout sa' w tande a, pa gen anyen ki kap detri maryaj nou.
Pou nou fini ak koze saa, Ezaou ak Jakòb te rankontre nan lentèman Izarak, menm si yo pa zanmi. Sèlman Jakòb pa te nan lentèman manman' l Rebeka ki te gate l la. Jen. 35 :29

Pou fini
An nou bat pou nou pi saj nan fason n'ap elve ti moun nou yo.

Kesyon
1. Ki pawòl moun kap marye yo konn repete pi souvan ? Nan bon tan tankou nan move tan

2. Ki moun ki te chwazi Rebeka pou Izarak ?
   Abraram papa Izarak

3. Dim de (2) mo de Rebeka
   Li te bèl, li te renmen travay. Li te respekte tèt li.

4. Konbyen tan li te pase avan l te gen pitit ? Ventan

5. Ki pi gwo erè yo te fè lè yo vin gen pitit ? Yo chak pran yon ti moun tankou se te ti jwèt pope.

6. Ki konsekans sa te genyen ?
   a. Ti moun yo te mal elve.
   b. Yonn jalou sò lòt la.
   c. Yo pa konn padonen
   d. Yo rete lènmi tout vi yo.

7. Ki antant Jakòb te fè ak Ezaou?
   Pou li genyen dwa pi gran nan men Ezaou pou yon plat lasoup.

8. Ki antant Izarak te fè ak Ezaou?
   Pou li resevwa tout benediksyon yo pou yon plat vyann.

9. Ki trik Rebeka fè pou se Jakòb ki jwen benediksyon sa yo ?
   a. Li ede Jakòb fè manti.
   b. Li fè Jakòb sove kite kay la pou Ezaou pa Touye' l.

10. Ki jan maryaj Izarak ak Rebeka te ye malgre sa?
    Yo te toujou viv ansanm

Leson 5
Madanm Mwen Rele Séfora

Tèks sou leson an : Egz. 2 :11-25 ; Egz.3 : 1-3 ; 4 : 18-26 ; 18 : 1-27 ; Tra.7 :22
Tèks pou li nan klas la: Egz. 2 :13-20
Vèsè pou resite: Paske, kòlè lèzòm pa ka fè volonte Bondye. **Jak. 1 : 20**
Fason pou fè leson an : Diskou, konparezon, kesyon
Bi leson an : Montre ki jan moun ki gen menm tanperaman gen gwo difikilte pou yo antann nan maryaj yo.

Pou komanse
Mwen menm Moyiz mwen te gen tèt mwen cho kant lè'm kite Lejip san zatann pou' m antre nan peyi Madian. Sito mwen rive, mwen te déjà kase yon batay ak bèje ki tap enpeche yon kòlonn ti medanm pran dlo pou bay bèt yo bwè. Se te pitit sakrifikatè Jetro. Lè sakrifikatè a tande koze saa, li kare'm ak premye fiy li Sefora, li marye nou a. Egz.2 :16-21

I. Se te yon maryaj fòse.
  1. Pou m te dezanniye m.
    a. Se bopè'm Jetro ki bay mwen djòb gade mouton. Egz.3 :1
    b. Depi lè saa, mwen pèdi respè mwen paske mwen gen de (2) bòs sou tèt mwen: Jetro ak Sefora.
    c. Mwen rale yon souf sèlman kant mwen mennen troupo a dèyè Dezè a pou m al chita pou kont mwen devan Mòn Orèb, mòn Bondye a . Egz.3 :1-2

2. Mwen pral di 'w ki lè bagay yo komanse gate.
   a. Mwen fè de (2) pitit ak Sefora : Elyezè ak Gechon.Egz.18 :3-4
   b. Kote nou vin pa kapab antann nou, se nan fason pou nou prezante yonn nan pitit yo a Letènèl. Séfora vle pitit la prezante dapre fason papa'l adore Bondye. Pou mwen menm, mwen vle yon lòt fason paske mwen te elve nan edikasyon Ejipsyen yo. Egz. 3 :1 ; Tra.7 :22
   c. Yon kòlè monte nan tèt fiy a, li sikonsi pitit la e li pran kach la li voye' l jete devan' m ak tout move san' l. Depi lè saa , relasyon nou an tou brize. Egz.4 : 25-26
   Sa te pase kant mwen tap tounen Anejip ak fanmiy mwen pou' m te reklamen liberasyon pèp Bondye an nan men Fararon . Egz.4 :19-20
   d. Lè nap retounen, Sefora pran toulede ti moun yo, li ale jwen papa l.
   e. Lè Jetro wè sa, li mete Sefora devan ak toulede ti moun yo. Li vinn kote' m nan Dezè a pou wè si la rekonsilye nou. Egz. 18 : 1-7
   Sa pa mache ! Mwen kite' l ale ak papa' l , ak toulede ti moun yo, ak tout relijyon yo.
   Egz.18 : 27

Pou fini

Gade ki jan maryaj cho cho sa fini ! Se domaj ke yo te divòse. Nou menm jenn gason, pran san nou, pa kouri marye !

Kesyon

1. Koman maryaj Moyiz ak Sefora te fèt?
   a. Jetro papa Sefora te chwazi 'l pou Moyiz
   b. Li te vle apresye kouraj Moyiz ki te defann fiy yo kont bèje madian yo ki tap anpeche yo pran dlo

2. Ki te sityasyon Moyiz nan maryaj saa?
   a. Li tap chè dezanniye' l
   b. Bopè 'l bay li djob.
   c. Sefora tap bay li presyon
   d. Li jete ko' l nan Dezè a pou' l medite

3. Ki lè maryaj saa te vinn gate ?
   Nan moman yo pat kap antann yo sou ki fason pou prezante yon pitit a Letènèl.

4. Ki sak te vinn rive ?
   Yo te separe malgre tout jefò bopè a te fè pou yo rekonsilye .

5. Ki leson nou kap tire nan sa? Pou nou evite maryaj cho cho ki kap fini ak yon divòs.

Leson 6
Madanm Mwen Rele Débora

Tèks sou leson an : Jij. 4 : 1-8, 31 ; 5 : 1-17
Tèks pou li nan klas la: Jij.4 : 1-9
Vèsè pou resite: Debora reponn: -Bon. Dakò! M' prale avè ou. Men, yo p'ap janm di se ou ki te bat Sisera, paske se yon fanm Seyè a ap fè touye l'.'**Jij. 4 : 9a**
Fason pou fè leson an : Diskou, konparezon, kesyon
Bi leson an : Bay bòn nouvèl ke fanm yo pral gen tout libète yo

Pou komanse
Si w ta vle konnen yon maryaj madanm nan alèz la dan, se pou' w ta vinn lakay mwen, mwen ta prezante' w Debora.
Konprann sa byen : mwen pa mare pye' l :

I. **Débora madanm mwen about a kò' l. Li tankou yon rèn nan yon riche myèl . Dayè se sa non' l vle di . Jij.4 :4-6**
Li profesè, li jij, li gouvènè, li profèt, e li konpoze chante.
   1. Li te genyen yon gwo pèsonalite. Menm Barak ki chef lame a refize ale nan lagè si Debora pa la ansanm ak li. Jij.4 : 6-8
   2. Lè li pral goumen kont filisten yo, li genyen tribi Riben, Dann ak Azè ki pa vle patisipe. Zanfè ! Li ale nan lagè ak nèf (9) lòt yo. Jij. 5 : 16-17
   3. Pat genyen tankou l nan tan l tap viv la Dòdinè, fanm yo rete lakay pou okipe mari yo ak ti moun. Anwetan Debora, fanm pat konn gen djòb nan Leta dapre koutim peyi a.

II. Mwen Lapidòt, mwen respekte pwofesyon' l Li respekte'm tou pou mari' l.

1. Nan kay la mwen rele 'l madanm Lapidòt. Jij.4 :4
2. Nan tribinal la, mwen rele' l Jij Debora. Jij.4 :5
3. Nan kazèn nan, mwen rele 'l jeneral Débora. Se li kap pase lòd menm a komandan Barak. Jij.4 :8-9
4. Nan aktivite Legliz li, mwen rele' l sè Débora. Jij.5 :31
5. Nan revelasyon' l Bondye bay, mwen rele' l pwofetès Débora. Jij.5 : 1
6. Nan zafè chan lap konpoze, mwen rele'l poèt Déborah. Jij.5 :1-4
7. Lè nou nan sosyete, mwen pa janmen rele' l madanm Lapidòt. Mwen konsidere ke non' l mache ak pwofesyon' l

Ak Débora, nou ka di ke liberasyon fanm nan déjà derape. Fanm ap gen dwa vote, deside e pran nenpòt djòb nan Leta depi yo gen konpetans pou sa

Pou fini

Mwen menm Lapidòt, men mesaj mwen genyen pou jenn gason : Chèche fanm ki gen karaktè, konpetans, ki kretyen e ki respekte paran yo. Apre sa , kite' l lib pou' l egzèse dwa'l nan sosyete a.

Kesyon

1. Ki jan nou ta rele maryaj Lapidòt ak Débora ?
   Yon maryaj madanm nan alèz ladan

2. Ki sa Débora vle di? Myèl

3. Konbyen metye 'l te genyen ? Li te pwofese, jij, gouvènè, pwofèt e li konpoze chan.

4. Montre ke li te genyen yon gwo pèsonalite.
   a. Li pase lòd a Barak, komandan kazèn nan pou dirije batay la kont filisten yo
   b. Li te rive pran tèt nèf (9) nan tribi yo pou ale nan batay la kont filisten yo.
   c. Tout moun te respekte' l kòm jij.
   d. Li te respekte mari 'l.

5. Ki jan nou kap di ke Lapidòt te respekte pwofesyon madanm li?
   Se nan kay la li rele' l madanm Lapidòt. Men nan sosyete a se jij Debora, jeneral Débora.

6. Ki enfliyans li nan liberasyon fanm yo?
   a. Fanm yo gen dwa gen djòb nan Leta
   b. Yo kap genyen yon edikasyon, yo ka vote e yo kap egzèse tout dwa sivil ak politik yo.

7. Ki mesaj Lapidòt genyen pou jenn gason yo ?
   Pou yo chèche fanm ki gen karaktè, konpetans, ki kretyen e ki respekte paran yo.
   Apre sa , kite yo lib pou yo egzèse dwa yo nan sosyete a

Leson 7 Madanm Mwen Rele Rit

Tèks sou leson an : Rit.1 : 1-22 ; 2 : 1-18 ; 4 :2-22 ; Jan.3 :16
Tèks pou li nan klas la: Rit 4 :12-17
Vèsè pou resite: Men, Rit reponn: -Pa fòse m' kite ou! Tanpri, kite m' ale avè ou. Kote ou prale, mwen prale avè ou. Kote ou rete, m'a rete avè ou. Se moun pa ou yo ki va moun pa m'. Bondye w'ap sèvi a, se li m'a sèvi tou. **Rit. 1 :16**
Fason pou fè leson an : Diskou, konparezon, kesyon
Bi leson an : Montre ki jan konviksyon yon fanm payen fè' l rive nan pi gwo pozisyon nan sosyete jwif la.

Pou komanse
Lamou pa gen frontyè. Mwen menm Boaz, mwen aprann sa nan maryaj mwen ak Rit. Rit 2 : 1

I. Ki moun Rit te ye?
1. Rit te yon vèv, moun peyi Morab ki tap adore yon zidòl yo rele Kemòch. Se Naomi, paran' m ki mennen 'l nan peyi' m Bètleyèm. Rit. 1 :22
2. Naomi pale' m anpil de Rit, jan li yon bon moun. Rit 2 : 11
3. Mwen te fè konesans li kant li te vinn chèche travay nan biznis mwen. Rit.2 :7
4. Kan'm parèt, sipèvizè nan travay mwen an lonje rezime Rit bay mwen. Mwen wè nan li yon anplwaye ki kap bay rannman. Rit 2 : 7
5. Depi lè saa, mwen mande tout anplwaye nan biznis mwen pou pwoteje' l. Rit. 2 : 15-16

6. Li te yon moun dous e li te konn viv ak moun dapre sa Naromi, belmè li te di' m. Rit.2 :18

II. Mwen te tonbe damou pou li. Men mwen gen yon gro pwoblèm pou 'm marye ak li. Koute :
1. Naromi, te marye ak dèfen frè 'm Elimelèk. Mizè te oblije 'l vann eritaj fanmiy nan. Tout lide mwen, se pou' m te reprann byen sa nan men moun ki te achte' l la, pou nou kap konsève non frè 'm ki sou bitasyon an. Men dapre Lwa Levira a, moun nan ki rachte byen an dwe asèpte pou' l marye ak vèv dèfen an. De.25 :5-6
2. Se gran frè **mwen anpremye ki gen dwa siyen kontra saa, mwen vini andezyèm:** Men misye ki refize siyen kontra saa! Lamenm, mwen rachte bitasyon an pou m marye ak Rit. Se sa ki fè yo rele m **GOÈL**, sa vle di moun nan ki asèpte rachte byen an nan plas yon lòt moun.
Lev. 25 :25 ; Det. 25 :5-10 ; Rit. 4 :2-6.
3. Nan maryaj la nou fè Obèd, ki vin gran papa wa David, zansèt Jezikri. Rit 4 : 21-22

Ki sa nou wè nan sa ?
1. Rit te yon fanm payen, kap adore zidòl.
2. Lwa Moyiz la pa kap sove okenn payen.
3. Boaz te yon senbòl Jezikri ki fè pou nou sa Lalwa pat kap fè, li vinn rachte nou nan peche.
4. Se Jezikri ki **GOEL** la ki rich ase pou marye ak Legliz pou bay li eritaj lavi etènèl. Jan.3 :16

Pou fini
Jodia mwen ap mande' w ki sa wap tann pou asèpte Jezi pou **GOEL** ou?

Kesyon
1. Ki moun Rit te ye?
    a. Li te yon vèv nan peyi Morab ki tap adore dye Kemosh
    b. Li konvèti nan relijyon jwif la e li ale ak bèlmè li Naromi nan peyi Bètleyèm.

2. Pale' m de Rit
    a. Li yon fanm ki te gen konviksyon.
    b. Li te renmen bèlmè 'l Naromi.
    a. Li adopte Bondye Naromi an.
    b. Li te obeyisan e li te renmen travay.
    c. Li te gen bon kè. Li te donab.

3. Ki jan' l te fè marye ak Boraz ?
    a. Nan koutim jwif yo, moun nan ki te gen dwa pou marye ak li a, te refize rachte tè a e marye tou ak vèv a dèfen an.
    b. Boraz te asèpte peye kòb la pou l te marye ak Rit.
    c. Depi lè sa li li tounen yon Goel pou Rit.

4. Ki sa nou wè apre sa ?
    Nan maryaj la yo fè ti Obèd ki vinn zansèt wa David, yonn nan zansèt Jezikri.

5. Ki leson nou tire nan istwa saa ?
    Lwa Moyiz la pa kapab sove payen yo.
    Jezi fè sakrifis la ki nesesè pou sove payen yo ak gras li ki rich anpil.

Leson 8
Madanm Mwen Rele Atali

Tèks sou leson an : 1Wa.18 :4 ; 2Kwo.20 : 23-26 ; 21 : 4, 18-20
Tèks pou li nan klas la: 2Kwo.21 :2-7
Vèsè pou resite: Men, se p'ap menm bagay pou mechan yo. Yo tankou pay van an ap gaye. **Sòm.1 : 4**
Fason pou fè leson an : Diskou, konparezon, kesyon
Bi leson an : Montre ki tribilasyon ou ka konnen si 'w marye ak yon moun ki pa konvèti.

Pou komanse
Mwen menm Joram, pitit dèfen wa Jozafa ke tout moun regrete, map mande ki sa ki pranm pou' m al marye ak Atali, pitit wa Akab ak Jezabèl ? 2Kwo.21 :6

I. Men rezon yo:
1. Se te yon maryaj biznis. Piske mwen wa Jida, mwen te vle sèvi ak maryaj saa pou 'm te wa tou sou tout tribi Izrayèl yo, tankou dèfen papa' m te fè . 2Kwo.21 :6
   Lè sa, mwen te gen trantdezan (32). Mwen gen ofis mwen nan vil Jerizalèm .2Kwo.21 :5
2. Mwen fè richès mwen ak byen papa 'm mouri kite gras a viktwa li sou twa nasyon. 2Kwo.20 : 25
3. Mwen touye tout frè 'm yo e tout gwo chef yo ki te kap bay mwen pwoblèm. Konsa mwen pa gen kont pou m rann pèson moun. Konsa lavni an klè devan' m. 2istwa.21 :4

II. Men gen kèk bagay mwen te bliye

Madanm mwen Atali tap viv nan kay kote se krim sèlman moun yo te konn komèt. Manman' l Jezabèl te fè touye tout moun ki pat adore Baal ak Astate. M' pa rete sou sa. 1Wa.18 :4
Jézabèl pap janmen bliye ke' m te touye pwòp frè 'm pou' m gen tout pouvwa a. Li menm asontou, li pral fè tout sa' l kapab pou touye' m pou'l reprann tout pouvwa tou.

III. Ki sa ki rive

1. Joram te wa sèlman pou uit an (8). Li pèdi ni richès, ni pouvwa, ni vi 'l. 2Kwo.21 :5
2. Bondye frape'l ak yon doulè vant. Okenn remèd pa kap ede'l jouk li mouri nan gwo soufrans. 2Kwo.21 : 18-19
   a. Pa gen moun ki te regrèt 'l. 2Kwo.21 : 20
   b. Yo tere miyse tankou nenpòt moun, men se pa nan simetyè wa yo.

Pou fini

Dyab la fè anpil moun entelijan vinn sòt. Bat pou' w entelijan selon Bondye pou w viv. Fanm nan ou marye ak li jodia ka kòz lanmò 'w demen. Chwazi Bondye avan tou, li va chwazi yon fanm pou ou.

Kesyon

1. Ki moun Joram te ye?
   a. Se te premye pitit dèfen wa Jozafa nan peyi Jida, piske' l premye pitit, se li ki gen dwa ranplase papa 'l sou twon nan.
   b. Li touye tout frè' l yo ak tout gwo chèf ki te nan gouvèman papa' l.

2. Pouki sa li te marye ak Atali ?
   a. Se te yon maryaj biznis. Li te gen anbisyon mete ni wayòm Jida ni wayòm Izrayèl la anba ponyèt li
   b. Li pat vle okenn moun kontre ak li.
   c. Ki sa' l te bliye ?
   Atali te elve nan yon kay kote moun tap fè krim. Ni Atali , ni manman' l Jezabèl te kap genyen menm anbisyon politik wa Joram nan.

3. Ki jan Joram te mouri ? Ak yon vant fè mal

4. Ki sa nou kap wè nan sa?
   a. Dyab la fè moun entelijan vinn sòt.
   b. Bat pou w entelijan selon Bondye pou' w viv.
   c. Fanm nan ou marye ak li a ka kòz lanmò w.
   d. Chwazi Bondye avan, li menm la chwazi madanm pou rou.

Leson 9
Madanm Mwen Rele Mikal

Tèks sou leson an : 1Sam.17 : 17-54 ; 18 : 20-27 ;23 : 7,15 ; 2Sam.3 : 14-16 ; 6 :16-20 ; 11 :1-6
Tèks pou li nan klas la: 2Sam.6 : 15-23
Vèsè pou resite: David reponn li: -Se vre. Mwen t'ap danse pou m' te fè lwanj Seyè a ki te pito m' pase papa ou ak tout fanmi ou. Li chwazi m', li mete m' chèf pèp Izrayèl la, pèp li a. M'ap toujou ka danse devan l' pou m' fè lwanj li. **2Sam.6 :21**
Fason pou fè leson an : Diskou, konparezon, kesyon
Bi leson an : Montre ke Bondye pa konnen maryaj politik.

Pou komanse
Mikal ? Alakoze papa ? Eske' m te janmen reve nan vi' m pou 'm ta bofis yonvwa? Koman sa fè rive?

I. Men kote koze sa soti
1. Pandan 'm ap gade ti mouton pou papa 'm, li voye 'm touswit nan kote filisten yo kase batay ak Izrayèl. Li voye 'm pote manje pou frè' m yo ki te nan lame a, e li di'm , lèm tounen, pou' m bay nouvèl koman batay la ye. 1Sam.17 :17-18
2. Lè 'm rive nan kan an, mwen wè yon filisten yo rele Goliat ki te la depi 40 jou, l' ap mande pou yon solda Izrayèl ki santi' l gen gason sou li, pou vin kontre ak li. Li menm di ke se batay sa ki pou deside ki kan ki genyen. 1Sam.17 :24

3. Mwen pat pran tan pou' m te touye' l. Mwen pote tèt Goliat bay wa Sayil e se ak tèt saa mwen ranpli fomalite pou 'm vin jeneral de divizyon nan lame Izrayèl. 1Sam.17 : 25, 50-51, 54
4. Depi lè saa, bri kouri, nouvèl gaye jouk sa tonbe nan zorèy Mikal, pitit wa Sayil ki tonbe damou pou mwen. 1Sam.18 : 20

II. Nan ki kondisyon kounyeya pou m vin bofis waa?

1. Bopè m, wa Sayil, mande 'm pou' m pote 100 potikòk filisten yo bay li. Mwen touye 200 filisten, e mwen pote bay li 200 potikòk anguiz 100. Lè li wè' m pa mouri, li vin atake' m li menm pou' l touye' m. 1Sam.23 :7, 15
    a. Li pran madanm mwen li bay li a yon lòt gason, pou li desann mwen. 2Sam.3 :14-16
    b. Lè wa Sayil mouri, mwen voye pran Mikal nan men mari 'l paske' m te peye pou li.
       Si 'm pa fè sa, li tap yon danje politik pou mwen. 1Sam.18 : 20, 25-27
    c. Men pwoblèm mwen te genyen : Mikal aristokrat, mwen menm se nan pèp la mwen elve. Eske nou wè ki distans nou genyen nan sosyete a?
    d. Mikal pa jennen pou' l kritike 'm devan moun pou fason mwen mete' m nan pèp la pou'm adore Bondye. 2Sam.6 : 16, 20
       Mwen klase 'l byen klase e depi lè saa, relasyon an koupe antre nou. Chak moun dòmi nan kabann yo. Sete yonn nan kòz ki fè' m al tonbe ak Batcheba, madanm Uri ki te ofisye nan lame a. 2Sam.11 :1-5

Pou fini

Konsèy m'ap bay nou jenn jan, kenbe Jezi fò toutotan nap monte nan sosyete a pou nou pa gen vètij!

Kesyon

1. Ki jan David te fè pou l vinn bofis wa Sayil ?
   Apati de viktwa li sou jeyan Goliat

2. Ki moun ki te fou pou li apre viktwa saa ?
   Mikal, pitit fiy wa Sayil

3. Ki jan de moun Mikal te ye ?
   Li te aristokrat ki abitye nan gran vi.

4. Pouki li te pran David ?
   Pou yon wa san prestij

5. Pouki sa nou di ke atitid li bay David te yonn nan kòz ki te fè David tonbe nan adiltè?
   a. Relasyon' l ak Mikal te gate.
   b. Yo tap viv nan menm kay san yo pat kominike antre yo.
   c. Alafen, David al chèche lòt fanm.

6. Ki konsèy nou gen pou jenn nou yo jodia ?
   Se pou yo bat pou yo ale byen wo, men pou yo pa gen vètij

Leson 10
Mwen Rele Madanm Mwen Legliz

Tèks sou leson an : Mat.3 :17 ; 16 :18 ; 25 :21 ; 28 :19-20 ; Jan.3 : 16, 35 ; 5 :24 ; 8 :36 ; 10 :10 ; 14 :3, 26 ; 16 :13 ; 1Kor.15 :55-57 ; Fil.4 :6 ; Rev.2 :10
Tèks pou li nan klas la: Ef.5 :22-32
Vèsè pou resite: Mwen menm, men sa m'ap di ou: Ou se yon wòch, Pyè. Se sou wòch sa a m'ap bati legliz mwen. Ata lanmò p'ap kapab fè l' anyen. **Matye. 16 :18**
Fason pou fè leson an : Diskou, konparezon, kesyon
Bi leson an : Prézante Jezikri tankou fiyanse Legliz

Pou komanse
Premye Adan an te prezante nou madanm li. Li rele' l **Ev**. Dènye Adan an se Jezikri, li prezante fiyanse' l Li rele '**l Legliz pa 'm** e map profite okazyon saa pou 'm envite w nan nòs li a. Eske wap vini ? An nou koute diskou fiyanse a

I. Se Papa 'm nan syèl la ki bay mwen li
1. Lè li tap prezante 'm devan tout moun li di : « Silaa, se pitit cheri 'm nan. » Matye.3 :17
2. Li bay mwen tout garanti ke mwen se yon mari ki kapab. Jan.3 :35
Mwen rich e mwen dispoze pou 'm bay madanm mwen tout sa 'l mande'm. Jan.10 : 10 ; Fil.4 : 6
   a. Mwen tèlman renmen 'l, mwen konnen' l pè lanmò, mwen desann nan kote mò yo ye a, mwen al detri lanmò. 1Kor.15 :55-57
   b. Mwen peye pri a byen chè pou sove' l e garanti libète' l. Jan. 3 :16 ; 8 :36
   c. Mwen pati, mwen kite 'l nan men Sentespri a pou eksplike' l tout bagay dèyè do mwen. E

mwen pwomèt pou 'm tounen vin chèche 'l pou jou nòs la. Jan.14 : 3 ; 26 ; 16 :13

II. Mwen rele' l « Legliz pa 'm » Mat. 16 : 18
Men sa ki nan kontra maryaj nou :
1. Mwen mande'l pou'l rete fidèl a mwen menm
   Li reskonsab pou' l preche Levanjil depi kay li jouk nan bout la tè. Mat. 28 :19-20
2. Li dwe rete fidèl nan travay mwen jouk mwen tounen. Mat.25 : 21

III. Ki sa li kap espere de mwen ?
1. Map vin chèche 'l pou 'm mete **kouwòn Lavi pou toutan** sou tèt li. Rev.2 :10b
2. La ere pou toutan. Jan.5 :24

Pou fini

Nou menm ki manm kò Kris la, kenbe mesaj saa e viv jan' l mande a jouk li vin chèche nou pou nòs la.

Kesyon

1. Ki jan Bondye te prezante Jezi-Kri a fiyanse' l?
   « Silaa, se pitit cheri 'm nan. »

2. Ki jan Jezikri te pwomèt sekirite a fiyanse 'l ?
   Papa fè' l rich . Tou byen Papa a se pou li, pou 'l fè sal pito.

3. Ki moun kap jere relasyon Kris ak fiyanse a lè' l pa la ?
   Sentespri Bondye.

4. Ki ti non gate Jezikri bay fiyanse' l ?
   Legliz pa' m

5. Ki kontra ki te fèt nan maryaj saa ?
   a. Fiyanse a dwe rete fidèl jouk li tounen vin chèche 'l.
   b. Li dwe al preche Levanjil sou tout planèt la.

6. Ki sa fiyanse a ka espere ?
   a. Ke lepou ap tounen vin chèche 'l pou maryaj la. Li pral mete yon kouwòn Lavi pou toutan sou tèt li
   b. Li pral ere pou toutan

Leson 11
Mwen Rele Madanm Mwen Epouz Mwen

Tèks sou leson an : Mat.25 :1-13 ; Jan.2 : 1-12 ; 11 :40 ; 16 :33 ; 19 :30 ; Wom.13 : 11-14
Tèks pou li nan klas la: Mat.25 : 1-10
Vèsè pou resite: Paske, yon mari se chèf madanm li menm jan Kris la se chèf legliz la. Se Kris la menm ki delivre legliz la ki kò li. **Ef.5 :23**
Fason pou fè leson an : Diskou, konparezon, kesyon
Bi leson an : Prezante nou fiyansay nan tan lontan tankou yon angajman ou pa kapab defèt.

Pou komanse
Nan tan lontan, nan koutim moun nan peyi Jezikri a, Depi ou fiyanse, yo rele 'w epou ak epouz, ki pa menm jan nan tan pa nou an.

I. Koman yo te konn fè maryaj yo ?
1. Toulede moun yo ki pral marye a, vini ak paran yo devan sakrifikatè a.
2. Gason ki fiyanse a dwe bay prèv ke li gen mwayen pou okipe madanm li.
   a. La, nou ka konprann pouki sa Mari te gen tèt cho kan li wè diven nan maryaj la ap fini la anba zye envite yo. Sete yon siy ke mesye a pa gen konpetans pou kenbe maryaj la. Papa fiy la te kap menm rele'l nan biro pou vòl konfyans. Jan.2 : 3
3. Si maryaj la kraze, epou a gen pou peye fiy la lajan ke li te promèt pou divòs a epouz la. San sa, bagay sa ap fè gwo pwosè.

II. Jezi, yon Epou ki fidèl

1. Li pa janmen fè fòfè a angajman 'l. Lè li te di : Tout bagay akonpli, li temwaye de fidelite'l. Jan.19 :30
2. Li te di : Si 'w kwè ou va wè glwa Bondye. Jan.11 : 40
3. Li gen viktwa pou Legliz e li deside pou' l viv pou li. Jan.16 :33

III. Ki sa ki pral pase nan jou nòs la ?

1. Lepou a pral rankontre ak epouz la nan seremoni maryaj la. Matye.25 : 6
2. Gen yon bann fiy vièj ki antoure lepou ak epouz la. Yap chante kantik maryaj. Yo kite Kantik des Kantik la pou ladènye.
Mat. 25 : 1-3

Pou fini

Eske ou menm ou prèt pou' w patisipe nan nòs saa ? Si 'w dakò, fòk depi kounyeya ou abiye ak Jezikri nan tout vi 'w, e pa bay vi lachè avantaj sou lavi èspirityèl ou. Wom. 13 :14

Kesyon

1. Ki jan yo te konn fè maryaj nan tan lontan nan peyi Jezikri a ?
    a. Toulede moun yo ki pral marye a, vini ak paran yo devan sakrifikatè a.
    b. Gason ki fiyanse a dwe bay prèv ke li gen mwayen pou okipe madanm li.
    c. Fiyanse a dwe siyen yon bon de garanti yo rele dòt ki vo pri lap bay pou madanm nan.
    d. Depi lè sa, li pa kap vire do' l konsa .
    e. Otreman lap oblije peye dòt la la menm pou sa pa ale nan leta

2. Ki jan Jezikri te konpòte ?
    Tankou yon Epou fidèl a angajman' l.

3. Ki jan yo komanse seremoni maryaj la?
    a. Fiy vièj yo rete nan kay la.
    b. Kan Lepou a parèt, yo anonse l . Lè sa vièj yo al rankontre l ak lanp yo tou limen

4. Ki jan vièj yo konpòte yo nan seremoni maryaj la ?
    Fiy donè ak gason donè antoure moun marye yo e yap fè yon match chante.

Leson 12
Kat (4) Poto Pilye Ki Kenbe Maryaj La

Tèks sou leson an : Mal.3 :10 ; Mat. 5 :37 ; 18 :20 ; Jan.21 : 15-17 ; Wom.5 : 1-8 ; 1Kor.7 :5 ; Ef. 5 : 16 ; 6 :18 ; Jak. 5 : 1-12 ; Rev.22 :13

Tèks pou li nan klas la: Mat.18 :19-20

Vèsè pou resite: Paske, chak fwa de ou twa moun mete tèt yo ansanm nan non mwen, m'ap la nan mitan yo. **Matye.18 :20**

Fason pou fè leson an : Diskou, konparezon, kesyon

Bi leson an : Ede moun marye yo pou yo kenbe angajman yo

Pou komanse

Nou ki marye e nou ki vle marye, vin wè 4 poto yo ki kenbe maryaj la:

I. **Premye pilye a se lanmou ak respè yonn pou lòt**
   1. Si amou an pa gen respè ladan, yo rele' l blòf.
   2. Yonn dwe respekte pèsonalite lòt.
      a. Ou pa dwe pèmèt ou blanmen patnè w. Pito ou mande' l « **Ki sa 'l panse ? Koman ou kwè nou ta dwe fè sa ?**
      b. Men ou pa janm di' l : « **Ou menm se konsa w ou toujou ye. Ou pran sa kot manman' w ou byen kot papa' w.** »
   3. Jezi bay prèv **ke' l renmen nou kant li sakrifye vi' l** pou nou. Wom.5 :8
   4. Li bay prèv ke **li respekte nou** e nou pran egzanp lè li pat blamen Pyè ki te nye 'l twa (3) fwa. Tan pou 'l ta di 'l : « **Ou te toujou**

konsa » li pito di 'l: « **Pyè eske'w renmen'm** Li tou prèt pou padonen e antann li ak Pyè. Jan.21 : 15-17
   a. Kris montre nou ki jan pou nou koute patnè nou, menm si konvèsasyon an pa enterese nou. Ef. 6 :18
   b. Se pou' n di' w tou ke zafè sèk la, fòk li fèt souvan, sof si gen ka maladi ou enkonvenyan grav. 1Kor7 :5

II. Dezyèm pilye se fidèlite a angajman' w
Patnè a dwe pou kwè 'w nan sa wap di. Nenpòt ti dout ka konpwomèt maryaj la.
Jezi toujou akonpli pwomès li yo. Kounyeya se ou menm ki pou akonpli pa 'w. Mat.5 :37 ; Jak.5 :12

III. Twazyèm pilye a se Lapriyè
Priyè a se yon konvèsasyon kote moun marye yo envite syèl la ladan. San sa, maryaj sa pa egziste. Jezi mande pou nou fè'l pou'l ka chita nan mitan nou. » Mat. 18 :20

IV. Katriyèm pilye a se yon bon administraksyon.
   a. Nou dwe jere tan nou ansanm. Ef.5 :16.
   b. Nou mete dim ak ofrann yo a pa pou Bondye avan tout depans. Mal.3 :10 ; Rev.22 :13
   c. Apre sa, nou retire lajan pou kay la e lajan pou bopè ak bèlmè menm si yo pa nan bezwen.

Pou fini
Veye pringa 'w. Si yonn nan pilye sa yo manke, rele Jezi touswit!

Kesyon

1. Site pou nou 4 pilye nan vi maryaj la ?
   a. Lamou ak respè yonn pou lòt
   b. Fidelite a angajman yo
   c. Lapriyè
   d. Yon bon administraksyon

2. Ki sa lanmou san respè ye ? Se yon blòf.

3. Ki jan pou 'w montre ke 'w renmen ?
   a. Lè ou fè sakrifis pou patnè 'w
   b. Lè ou bliye sa 'l fè w ki mal
   c. Lòske ou sèvi' l ak tout kè' w
   d. Loske ou fè sèks ak li souvan

4. Ki jan ou montre fidelite a angajman' w ?
   Lè ou respekte pawòl ou

5. Ki jan ou defini lapriyè nan leson saa ?
   Se yon konvèsayon kote patnè yo envite syèl la ladan.

6. Ki sa ou kap prevwa nan yon bon administrayon nan maryaj la?
   a. Fason pou jere tan an ak lajan nou fè.
   b. Fason pou nou jere dim ak ofrann pou Bondye
   c. Fason pou prevwa depans kay la
   d. Fason pou jere lajan Bopè 'w ak bèlmè' w menm si yo pa gen nesesite.

Lis Vèsè Yo

1. Nonm lan reponn. Fanm ou te ban mwen an, se li menm ki ban mwen fwi pye bwa a pou m' manje, epi mwen manje l'. Ge. 3 :12

2. Men pandan lannwit, Abimelèk fè yon rèv, li wè Bondye parèt devan li. Bondye di l'. Gade non, monchè. Ou pral mouri tande, paske Sara se yon madan marye. Jen. 20 :3b

3. Pe bouch ou la, madanm! W'ap pale tankou moun fou! Lè Bondye ban nou benediksyon, nou kontan. Atò poukisa pou nou plenyen lè li voye malè sou nou? Jòb.2 :10a

4 Izarak te pito Ezaou, paske li te renmen manje vyann jibye, men Rebeka te pito Jakòb. Jen. 25 :28

5 Paske, kòlè lèzòm pa ka fè volonte Bondye. Jak.1 :20

6. Debora reponn: -Bon. Dakò! M' prale avè ou. Men, yo p'ap janm di se ou ki te bat Sisera, paske se yon fanm Seyè a ap fè touye l'. Jij. 4 :9a

7. Men, Rit reponn: -Pa fòse m' kite ou! Tanpri, kite m' ale avè ou. Kote ou prale, mwen prale avè ou. Kote ou rete, m'a rete avè ou. Se moun pa ou yo ki va moun pa m'. Bondye w'ap sèvi a, se li m'a sèvi tou. Rit.1 :16

8. Men, se p'ap menm bagay pou mechan yo. Yo tankou pa'y van an ap gaye. Sòm.1 :4

9. David reponn li: -Se vre. Mwen t'ap danse pou m' te fè lwanj Seyè a ki te pito m' pase papa ou ak tout fanmi ou. Li chwazi m', li mete m' chèf pèp Izrayèl la, pèp li a. M'ap toujou ka danse devan l' pou m' fè lwanj li.. 2Sam.6 :21

10. Mwen menm, men sa m'ap di ou: Ou se yon wòch, Pyè. Se sou wòch sa a m'ap bati legliz mwen. Ata lanmò p'ap kapab fè l' anyen.Mat.16 :18

11. Paske, yon mari se chèf madanm li menm jan Kris la se chèf legliz la. Se Kris la menm ki delivre legliz la ki kò li. Ef.5 :23

12. Paske, chak fwa de ou twa moun mete tèt yo ansanm nan non mwen, m'ap la nan mitan yo. Mat.18 :20

Evalyasyon

1. Nan douz leson yo ou soti wè a, ki lès nan yo ki pi touche w ?
    a. Pou tèt pa w ? _____
    b. Pou fanmiy w? _____
    c. Pou Legliz ou? _____
    d. Pou peyi w? _____

2. Ki desizyon w apre klas la?
   _____

3. Ki konsèy ou ta bay a Lekol dimanch la :
   _____

4. Kesyon pèsonèl :
    a. Ki jan de kontribisyon mwen te kap pote nan Legliz la? _____
    b. Ki jefò mwen fè pou m amelyore kondisyon l
       _____
    c. Si Jezi vini kounyeya eske mwen pral fyè de travay mwen? _____

DIFE KRAZE BRIZE

Dife 20 – Seri 3

KI MOUN KI PWOCHEN M ?

Avangou

Gade mwen jodia ki kanpe tou pre Istwa bib la, e m'ap tande yon farizyen, yon nonm ki fò nan bib la kap poze yon kesyon.
Men sa' l mande Jezi : « Ki moun ki pwochen' m ? »
Pèsonn pa bezwen fè gwo klas pou reponn a ti kesyon saa.
Sèlman kòm nou konnen ap toujou genyen move grenn ki chaje ak prejije, ak movèz fwa , moun ki la pou wè tout bagay mal e yo taye sou moun rad yo vle, li enpòtan jodia pou rale zorèy kèk moun, ki oblije nou vini ak menm kesyon sa ankò.
« Ki moun ki pwochen' m ? »

Pastè Renaut Pierre-Louis

Leson 1
Ki Moun Ki Pwochen' m ?

Tèks sou leson an : Jen.1 : 26-31 ; Lik.10 :25-37
Tèks pou li nan klas la: Jen. 1 : 28-31
Vèsè pou resite: Bondye di ankò. Ann fè moun. N'ap fè l' pòtre ak nou, pou li sanble ak nou. La gen pouvwa sou pwason ki nan lanmè yo, sou zwazo ki nan syèl la, sou tout bèt yo gade, sou tout latè, sou tout bèt nan bwa, sou tout bèt ki trennen sou vant sou tè a.».
Jen.1 :26
Fason pou fè leson an : Diskou, konparezon, kesyon
Bi leson an : Prezante pou ki rezon Bondye te fè moun pou mete yo nan kreyasyon an.

Pou komanse
Si sa pa deranje w, an nou ale ansanm nan Liv Jenèz la pou nou reponn a yon kesyon. Men kesyon an :

I. **Ki moun ki pwochen'm ?**
   E byen, pwochen' m se yon lòt moun tankou mwen menm ke Bondye te kreye e ki sanble ni ak mwen, ni ak Bondye.

II. Bondye, Papa **ki konn tout bagay**, bay mwen kapasite pou' m pale yon lang ki kap tradwi nan yon lòt lang:
   Mwen ka rezonen, envante, chanje bagay ki genyen nan lanati pou' m fè sa' m bezwen ak yo.
   Makak la ki pi entelijan an pa gen kapasite sa yo.

III. Bondye, **Papa ki fè tout bagay**, bay mwen kapasite pou 'm dominen.
Mwen kap dominen lèspas, lanmè ak tè a.
1. Mwen kontwole ni plant, ni bèt, ni wòch.
2. Mwen genyen volonte pou'm fè sa'm vle.
Jenez.1 :28

IV. **Mwen gen kapasite pou 'm jere tout bagay gras a Papa Bondye ki tout patou.**
Bondye bay moun kapasite li genyen kay li: Tankou Bondye, nou gen santiman pou nou renmen, volonte pou deside ak rezon pou nou fè tout bagay ak bon konprann : Jenez. 1 :26-27
Piske mwen jwen tout vèti sa yo nan mwen e mwen pa jwen yo nan okenn bèt, si yon moun ta gen vèti sa yo nan li, pa gen anyen ki di ke li pa pwochen' m.
Bondye kreye gwo bèt yo nan premye pati sizyèm jou a. Li kreye moun nan dezyèm pati sizyèm jou a. Jen.1 : 24, 31
Si mwen pa kapab konpare'w a okenn bèt nan premyè pati sizyèm jou a, sa vle di Bondye te
kreye 'w menm lè ak mwen. Wè pa wè, ou se pwochen' m.

Pou fini
Remake ke makak se bèt la ki pi sanble ak moun. Sèlman li genyen 4 men e moun genyen 2 pye ak 2 men. Moun nan ki gen 2 pye ak 2 men ta dwe pwochen'm.

Kesyon

1. Ki jan de kapasite Bondye nou jwen nan moun ?
   Amou, rezonman, desizyon.

2. Ki bèt ki pi sanble ak moun ? Makak

3. Ki kote yo pa sanble nan kò yo ?
   a. Moun manje tout bagay. Makak manje fwi.
   b. Moun mache dwat, li nan pozisyon pou l dominen. Li mache sou de (2) pye l. Li travay ak (de 2) men. Makak blije mache tou koube e li fèt a kat (4) men.
   c. Moun ka fè envansyon. Makak pa kapab.

4. Ki lè Bondye te kreye gwo bèt yo ?
   Nan premyè pati sizyèm jou a.

5. Ki lè Bondye te kreye moun ?
   Nan dezyèm pati sizyèm jou a.

6. Ki moun ki pwochen' m ?
   Si la ki te kreye menm lè ak mwen an

Leson 2
Pwochen'm Se Moun Bondye Wè Tankou' m

Tèks sou leson an : Jen.1 :28 -31
Tèks pou li nan klas la: Jen. 1 :26-28
Vèsè pou resite: Je Senyè a toupatou, l'ap veye tout moun, bon kou mechan. Pwo.15 :3
Fason pou fè leson an : Diskou, konparezon, kesyon
Bi leson an : Montre ke Bondye wè tout moun menm jan

Pou komanse

Te gen yon teolojyen angle yo te rele Izarak Newton. Li te fò nan matematik. Nan lane 1687, li dekouvri ke si yon bagay soti anlè pou' l tonbe a tè, se nan mitan la tè lap tonbe. » Mwen menm se yon kò e ou menm se yon kò tou, eske ou **ka pi nan mitan latè pase' m?** An nou gade sa!

I. An nou fè yon konparezon:
1. Bondye mete nan mwen ak ou, tout sa ou kap jwen nan bèt yo, nan plant yo ak nan tè a. Konsa pa gen anyen nan nati a ki pou fè'm sezi
2. Mwen la pou' m renye sou yo tout. Jen.1 :28
3. Piske Bondye bay mwen pouvwa pou'm dominen yo, mwen pap poteke nanm mwen kay Satanle Dyab pou'm posede yo. Pou'm byen di' w:
    a. Mwen dwe mete'm ansanm ak ou pou'n dominen yo.
    b. Mwen dwe respèkte siyati Bondye mete sou rou a paske lè' l fin mete'l , li di : sa' m fè a li bon anpil, anpil» Jen.1 : 31

    c. Mwen dwe apresye nan ou Bondye ki renmen divèsite. Se pou bon plezi' l li kreye bèt, zwazo ak flè diferan koulè.
4. Bèt ki menm jan yo, yo antann yo antre yo. Yo gen administrasyon yo. Yo respèkte jan yo ak èspès yo. Pwo.30 :27

Se Bondye ki chwazi koulè' m, otè' m, talan' m, fanmiy mwen ak nasyon mwen. Li fè menm jan pou rou. Konsa zafè moun pa vle wè lòt moun pou koulè yo, soti nan Satanledyab. Mwen dwe respèkte Bondye nan ou. Mwen dwe asepte' w e renmen' w jan' w ye a. Sinon se tankou mwen ta vle vèkse Bondye.

Pou fini
Se pou 'm di 'w byen ke ou menm se pwochen' m.

Kesyon

1. Ki moun ki te dekouvri gravite ? Yon teolojyen e matematisyen angle yo te rele Izarak Newton.

2. Depi nan komansman, ki te wòl lezòm nan kreyasyon an? Bondye te kreye yo pou jere tout sa ki sou la tè.

3. Ki sa li bezwen pou' l fè sa? Li bezwen mete' l ansanm ak moun kanmarad li

4. Ki jan Bondye te pale apre li fin kreye lòm ? Li di ke sa'l fè a te bon anpil, anpil.

5. Ki sa nou kap admire nan bèt yo ki menm jan an ? Yo antann yo nan fore bwaa.

6. Vre ou fo
   a. Bondye te kreye ras ki siperyè. __ V__ F
   b. Yon blan pa kapab pwochen' m. __ V__ F
   c. San moun nwa yo nwa, san moun blan yo blan, san moun jòn yo jòn. __ V__ F
   d. Se sèl blan ki nan mitan la tè. __ V__ F
   e. Tout moun genyen menm san __ V__ F

Leson 3
Pwochen' m Se Sila Ki Sanble Ak Mwen An

Tèks sou leson an : Jen.1 : 6- 28 ; Tra.17 : 26
Tèks pou li nan klas la: Tra.17 :22-27
Vèsè pou resite. Se li menm tou ki kreye tout nasyon ki rete toupatou sou latè. Li fè yo tout soti nan yon sèl moun. Li te fikse davans tan ki pou yo chak, ak limit kote pou yo chak rete. Tra. **17 :26**
Fason pou fè leson an : Diskou, konparezon, kesyon
Bi leson an : Montre Letènèl se Bondye ki renmen divèsite.

Pou komanse
Kan Bondye tap komanse kreyasyon an li di sa' l vle e la menm, tout bagay te kreye dapre kalite yo.
Jen.1 : 6,9,14,20, 24
Men kant li te vle kreye lòm, li **pale ak tèt pa' l**
E li di : « An nou fè lòm potre ak nou menm, pou' l sanble tèt koupe ak nou. » Jen.1 : 28
Pouki distenksyon sa?

I. Lòm se pitit Bondye
1. Bondye pa genyen kalite ni lòm tou
2. Tout moun fèt ak yon sèl kalite san. Tra.17 : 26
    a. Gade byen : milèt soti nan kwazman yon mal bourik ak yon jiman. Bado a soti nan kwazman yon cheval ak yon fenmèl bourik. Ni milèt, ni bado a, yo pa kapab fè pitit paske yo de kalite diferan.
    b. Poutan yon nonm ak yon fanm, kelke swa ras la ou byen koulè a, lè yo kwaze, yap fè yon moun nòmal ki li menm kap fè moun. Tra. 17 : 26

II. Tout moun sanble ak moun.
1. Yo sanble nan kò yo :
   a. Tout moun gen 2 men ak 2 pye. Men makak la gen 4 men.
   b. Tout moun mache dwat ak tèt yo anlè, paske yo te fèt pou dominen. Tout bèt yo te fèt pou mache ak tèt yo bese devan lòm.
   c. Tout moun pran menm pozisyon ak kò yo pou yo mache, pou yo travay ou pou yo jwe.
2. Yo sanble paske kò yo fonksyonen menm jan:
   a. Yo manje tout bagay.
   b. Yo kouche pou yo dòmi.
   c. Yo ri ou byen yo kriye selon kaa

Pou fini

Piske se Bondye li menm ki bay mwen tout bagay sa yo tankou ou menm, ou menm se pwochen' m ou ye.

Kesyon

1. Ki jan Bondye te kreye bagay nan nati a ?
   Li di yon mo e la menm yo fèt

2. Ki jan li te kreye lòm ?
   Li pale ak tèt pa' l

3. Pouki s nou di ke lòm se pitit Bondye ?
   Li te kreye' l potre ak li menm.

4. Pouki sa bado ak milèt pa kap fè pitit ?
   Paske yo diferan.

5. Ki sa ou kap tann nan kwazman yon blan ak yon moun nwa ?
   Yap fè yon moun ki kap fè lòt moun.

6. Ki sa nou kap di de tout ras ?
   Se yon sèl Papa Bondye ki fè yo.

7. Ki jan yo ta dwe viv antre yo ?
   Tankou frè ak sè.

Leson 4
Pwochen'm Se Sila Bondye Vle Sove Tankou'm

Tèks sou leson an : Ezayi.53 : 5 ; 55 :1-13 ; Matye.7 :3 ; 11 :28 ; 28 :19-20 ; Jan.3 :16 ; Wom.3 :23 ; Gal. 6 :2 ; Ef.2 :8 ; 1Tim. 2 :3-4 ; Jak.3 : 2 ; 5 :16 ; 2Pyè.3 :9 ; 1Jan.1 :8

Tèks pou li nan klas la: Ezayi.55 :1-6

Vèsè pou resite: Vini non, nou tout ki swaf dlo. Men dlo! Vini non, nou tout ki pa gen lajan, nou mèt vini. Achte manje pou nou manje. Nou pa bezwen lajan! Achte diven ak lèt pou nou bwè. Nou pa bezwen peye!
Ezayi. 55 :1

Fason pou fè leson an : Diskou, konparezon, kesyon

Bi leson an : Pale de sali Bondye a pou tout moun.

Pou komanse

Lapòt Pòl deklare : « Tout moun peche, e konsa yo pap janmen wè Bondye». Wom. 3 :23

Pa gen moun ki kap di « li pa janmen peche. Pa gen moun ki jis. Wom.3 : 10 ; 1Jan. 1 :8

I. **An nou fè yon rale sou sa**
   Ni moun nwa, ni blan, ni jòn , ni wouj nou peche nan anpil bagay. Jak.3 :2 ;1Jan.1 :8

II. **Nou gen yon abitid blanmen kay moun sa ke nou trouve eskiz pou yo kay nou**. Matye.7 :3
    Sou la kwa, Jezi pat mouri pou eskiz men pou peche nou. Ezayi. 53 : 5

III. **Li gen menm plan pou sove tout moun**.
    1. Se gras li fè nou pou nou sove. Ef.2 :8

2. Li pa vle pèson peri, men li vle ke tout moun repanti. 1Tim.2 :3-4 ; 2Pyè.3 :9
Nan desizyon saa li pa mete makak.

IV. **Li fè yon envitasyon pou tout moun e pou chak moun**
Tout moun, vini jwenn mwen. Matye.11 :28
Mwen vle **nenpòt moun ki kwè** nan mwen pa peri. Jan.3 :16
Pa gen eskiz pou sa, paske ou pa gen anyen wap peye. Ezayi.55 : 1

V. **Bondye bay mwen reskonsablite pou 'm chèche' w pou jwen la vi pou toutan.** Mat.28 : 19-20
Nou dwe sipòte nou yonn lòt e nou dwe egzote nou yonn lòt pou nou rete nan chemen an jouk jou a rive pou Senyè a vinn chèche nou. Gal. 6 :2
Dayè, si m ta tonbe nan chemen an se devwa'w pou'w drese' m. Gal.6 :2 ; Jak. 5 :16

Pou fini
Piske nou tout la pou pase pa lanmò, an nou komanse viv ansanm depi isiba paske ou menm se pwochen' m.

Kesyon

1. Ki deklarasyon lapòt te fè sou kondisyon lòm ? Li di : « Tout moun peche e konsa yo pap janm wè Bondye.

2. Ki defo lòm genyen kay li ?
Li renmen kondanen kay moun sa li jwen eskiz pou li lakay li

3. Ki moun Bondye rele ?
Tout moun

4. Ki reskonsablite nou devan yo ?
Preche yo Levanjil pou yo sove

5. Ki jan ou ta rele sila yo ki bezwen sove tankou ou menm ?
Pwochen' w

6. Vre ou fo
   a. Se blan ki pitit Bondye. Yo tout pral nan syèl.
      ___V ___F
   b. Tout moun nwa yo se piti Dyab. Yo tout pral nan lanfè.
      ___V ___F
   c. Bondye gen yon plan diferan pou sove moun nwa, moun jòn, moun blan ak moun rouj
      ___V ___F

Leson 5
Pwochen'm Se Sila Ki Bezwen Ed Mwen

Tèks sou leson an : Le.19 :32 ; De.10 :19 ; 15 :5 ; Sòm.10 :17-18 ; 68 :6 ; Matye.25 : 35-46 ; Wom.12 :5 ; Gal. 6 :2
Tèks pou li nan klas la: Matye.25 : 31- 36
Vèsè pou resite: Se pou nou yon ede lòt pote chay yo. Se konsa n'a obeyi lalwa Kris la. **Gal. 6 :2**
Fason pou fè leson an : Diskou,konparezon, kesyon
Bi leson an : Montre ke tout moun dwe ede tout moun.

Pou komanse
Gen de kesyon yon moun poze ki fè' w santi li gen prejije.

I. Tande yon kesyon : « Ki moun ki pwochen m? »
Ebyen, men repons yo:
1. Se vye gran moun yo kap tranble sou baton yo paske yo pase anpil mizè nan la vi. Le.19 :32
2. Se vèv yo ki pa gen moun pou ede yo, kap viv pou kont yo nan yon kay. Sòm.68 :6
3. Se moun ki pa gen ni manman, ni papa, ki pa gen rele reponn, ki pa wè kote avni yo ye. Sòm.10 : 17-18
4. Se moun ki fèk antre nan Diasporaa ki pa konn pale lang peyi a, ki pa konnen kilti peyi a, ki pa konnen pwogram ki bon pou li a. De.10 :19 ; Matye. 25 : 35, 41-43
5. Se moun ki andikape ki bezwen nou ede yo paske se yon sèl papa Bondye a ki fè nou. Wom.12 :5
6. Se pòv la ki «**sou kont tout moun**». De. 15 : 5

II. **Ki kondisyon yo ?**
  1. Yon manke tout bagay. Yo san fanmiy; yap viv nan dezèspwa ; yo bezwen manje, rad, yo bezwen moun pou pale ak yo.
  2. Pou 'w te kap konprann yo, fòk, menm yon fwa nan vi' w, ou te goute mizè.
     a. Kounyeya, si yon moun ta mande'm ki moun ki pwochen'm, mwen kap reponn dapre eksperyans mwen te fè, paske , si se pat mizerikòd Bondye, se nan sityasyon yo' m tap ye.
     b. Ononde malere sa yo ke'm te konnen, mwen dwe sèvi tout moun kòm pwochen m.

Pou fini

Si 'w te sibi desèpsyon nan vi' w, si 'w te konnen yon tan afè pa bon , wa fasil konnen ki moun ki pwochen 'w. »

Kesyon

1. Dapre leson saa ki moun ki pwochen' w?
   Vye gran moun yo, vèv yo, ofelen yo, pòv yo ak moun ki fèk antre nan Diasporaa

2. Ki jan pou 'w kap konprann yo ?
   Fòk, omwen yon fwa nan vi 'w, ou te pase mizè yo konnen jodia.

3. Ki sa yap tann de nou ?
   Pou nou ede yo, pale ak yo, ankouraje yo ak pawòl Bondye a, bay yo de kwa pou yo viv

4. Pouki sa Bondye fè' l konsa ?
   Pou nou aprann gen mizerikòd pou lòt moun.

5. Vre ou fo
   a. Moun nan difikilte, se sa yo fè yap peye.
      ___V___F
   b. Tout moun yo ki refijye a, se move moun yo ye.
      ___V___F
   c. Refijye yo vini tankou nou menm ak defo yo e ak kalite yo.
      ___V___F
   d. Jezi mande nou pou nou pran swen etranje.
      ___V___F
   e. Nou tout se lokatè Bondye nou ye. Tè a se pou Bondye li menm sèl.
      ___V___F

Leson 6

Pwochen'm Se Sila Ki Adore Bondye Jan'l Vle

Tèks sou leson an : Mak.9 :40 ; Lik. 10 :33-35 ; 18 :11
Tèks pou li nan klas la: Mak.9 :38-41
Vèsè pou resite: Moun ki pa kont nou, se moun pa nou li ye. **Mak.9 :40**
Fason pou fè leson an : Diskou, konparezon, kesyon
Bi leson an : Montre ke Jezi pa mele nan zafè relijyon ki divize moun yonn ak lòt.

Pou komanse

Kant nou pa nan menm relijyon eske sa vle di Bondye pa 'w la pi Bondye pase pa' m nan? Ki jan pou 'w ta kap demontre' m sa?

I. **Nou ka pa nan menm relijyon**
   Gade byen, lè' w nan fore bwaa, eske gen yon bèt ki pi bèt pase yon lòt?
   Pouki sa nan gran savann kote lòm ap viv la, gen yon moun ki santi' l pi moun pase yon lòt ?
   Mak. 9 :40 ; Lik.18 : 11

II. **Nou ka nan menm relijyon men nou pa gen menm pozisyon. Gen:** Lévit, Sakrifikatè, Pastè, Evèk…genyen tou sa' w vle.
   1. Men konnen ke nou pral jije se pa dapre relijyon nou men dapre atitid nou a pwochen nou.
   2. An nou gade mesye a ki te blese sou wout Jeriko a:

    a. Li tap desann sou wout la vi a tankou mwen menm ak ou. Devèn pa'l, li viktim. Lik.10 : 30-34

    b. Piske li andanje, sa dwe touche konsyans mwen. Rive anreta nan yon sèvis pap touye 'w sitou kant wap ede yon moun an ijans.

III. An nou wè bezwen' l :

1. Li bezwen yon èd tout swit, men li pa bezwen ni repwòch, ni mepri, pou w vire do kite'l.
2. Li bezwen' m montre pitye pou li e depanse pou li. Se tankou yon depo mwen fè nan Bank Bondye nan syèl la. Lik.10 :33-35

IV. Ki jan pou m ede' l ?

1. Mwen dwe ede' l ak konpasyon san vini ak zafè relijyon' m. Lik.10: 34-35

    a. Mwen bay li woulib nan oto mwen. Lik.10 : 34

    b. Mwen bay swen ak medikaman dat la poko pase.

    c. Mwen mennenl nan yon lopital sou kont mwen pou yo bay li swen. Lik.10 : 34-35

Pou fini

Si 'm ka pa pale de relijyon' m pou' m bay swen, li menm se pwochen'm.

Kesyon

1. Eske relijyon fè lòm pi bon ?
   Non

2. Ki bèt ki pi bèt pase yon lòt nan fore bwa?
   Pa gen yonn

3. Ki moun ki pi moun pami moun sou latè ?
   Pa gen yonn

4. Ki relijyon ki fè yon moun pi kretyen pase yon lòt ?
   Pa gen yonn

5. Ki sa ki fè valè yon moun ?
   Se kapasite ou genyen pou' w asèpte moun e pou 'w sipòte yo.

6. Vre ou fo
   a. Mwen dwe ede moun dapre relijyon m.
      ___ V ___F
   b. Mwen dwe ede tout moun ki gen bezwen.
      ___ V ___F
   c. Mwen dwe ede tout moun kelke swa relijyon l.
      ___ V ___F
   d. Pwochen' m , se moun ki bezwen èd mwen.
      ___ V ___F

Leson 7
Pwochen'm Se Moun Nan Ki Pi
Fèb La Pou'm Ede

Tèks sou leson an : Ezayi.58 : 7 ; Mak.9 :40 ; Lik.10 : 25- 37

Tèks pou li nan klas la: Lik 10 : 29-37

Vèsè pou resite: Separe sa nou genyen ak moun ki grangou. Louvri pòt kay nou pou nou resevwa malere ki pa gen kote pou yo dòmi. Si nou wè yon frè nou toutouni, ba li rad pou li mete sou li. Pa refize lonje men bay frè parèy ou. **Ezayi.58 :7**

Fason pou fè leson an : Diskou, konparezon, kesyon

Bi leson an : Montre obligsyon nou genyen pou ede frè nou yo ki nan nesesite.

Pou komanse

Tout moun se moun, men tout pa gen menm kapasite. Bondye fè'l konsa pou nou konnen ke tout moun bezwen tout moun, pou ke gen antant nan relasyon nou ak lòt moun. Ki sa nou dwe fè nan sa ?

I. Fòk nou toujou dispose pou sèvi lòt moun san pou otan gen lide fè moun tounen domestik.
  1. Si se ta konsa, zafè ede yonn lòt la pa tap genyen okenn sans.
      a. Nou la pou sèvi manje a moun ki grangou, pou bay lòjman a moun ki pa gen kote pou yo rete, abiye moun ki touni.
      Si 'w byen konprann, jès sa yo se yon avans ou bay Jezikri sou sa'w dwe'l ke'w pa janm kap finn peye'l. Ezayi.58 :7

2. Moun ou ede konsa dwe pou rete ak tout diyite yo pou yo pa santi yo imilye. Si li pa konsa, moun nan ap santi li pa moun ankò.
Lik.10 : 34-35
3. Nonm nan asasen yo kite twaka mò sou wout Jeriko a pat mande pèson sèvis. Bon Samariten an te vin pote'l sekou paske'l te gen sansiblite pou pwochen'l. Relijyon nou yo ak tout bèl mesaj nou yo, ak tout bèl misik nou yo pa geri maleng pèsonn. Lik.10 :31-32

II. Pandan nap montre respè a moun nap rann sèvis la, bat pou nou pa sèvi ak sa pou eksplwate moun nan tou.
1. Kan Bon Samariten an te depanse pou nonm nan yo te asasinen an, li pat janmen gen nan tèt li pou Leta te renmèt li kòb la. Lik.10 :36
    a. Li te fè jès la sèlman pou sove vi yon moun.
    b. Li te onore imaj Bondye nan pwochen' l.
    c. Li te fè' l paske li te gen lanmou nan kè' l.
    d. Yon Samariten ? Ou sezi ? Koute byen : Jezi di : « Tout moun ki pa kont mwen, se pou mwen yo ye. Mak.9 :40
2. Lòske ou vle touye yon moun paske ou pa renmen koulè' l, ou byen paske li pa vle ale nan relijyon' w nan, ou menm se Dyab la menm ou ye.

Pou fini
Chak moun gen yo kote li fèb. Nou dwe ede tout moun kèlkeswa relijyon'l. Konsa wa sanble ak Bon Samariten an ki te sove yon pwochen 'l.

Kesyon

1. Ki sa ki ta dwe pouse nou pou sèvi pwochen nou? Pou w ede' l san 'w pa eksplwate' l

2. A ki sa sa sanble lè 'w ede yon moun nan ti bezwen l? Ou renmèt Bondye yon pati nan sa ou dwe 'l ke ou pap janm ka finn peye 'l.

3. Ki sa ki pou nan tèt moun nan ou ede a ? Li dwe wè ou ede 'l san li pa pèdi diyite' l pou sa.

4. Ki jan ou pran yon moun ki vle touye yon lòt pou koulè 'l li pa renmen? Se Dyab la kap travay nan li

5. Ki jan ou pran yon moun ki vle touye' w si ou pa asèpte ale nan relijyon' l ? Lap travay pou Dyab la

6. Ki jan pou pran yon moun ki vin ede pwochen'l ki pa nan menm relijyon ak li ? Li fè travay Bon Samariten an

Leson 8
Pwochen'm Se Moun Nan Ki Konn Detrès Tankou'm

Tèks sou leson an : Lik.10 :30 ; Tra. 16 :25-31 ; 20 :34
Tèks pou li nan klas la: Lik.10 : 29-37
Vèsè pou resite: Se pou moun nou yo aprann fè sa ki byen tou, pou yo bay lè gen ka nesesite. Yo pa fèt pou y'ap viv konsa san yo pa bay anyen. **Tit.3 :14**
Fason pou fè leson an : Diskou, konparezon, kesyon
Bi leson an : Montre ke tout kretyen ta dwe prèt pou ede moun nan ka enprevi yo, tankou Jezi te fè kant foul moun yo te grangou lè jounen an tap fini.

Pou komanse

Mwen renmen tande apòt Pòl lè li di : « Nou konnen byen ke de (2) men sa yo abitye travay pou' m pran swen tèt mwen ak moun tou kap sèvi 'm ». Tra.20 :34 Eske Pòl pat konn nan bezwen tou yon lè ? Sa ka rive nenpòt moun, ke' w te rich , ke' w te pòv, ke' w te gran moun, ke 'w te ti moun. Gade sa pou' w wè:

I. Nan ka enprevi yo
1. Tankou sechrès, epidemi ak siklòn ki pa gen prejije. Depi yo vini, anpil moun razè lamenm
2. Kan lagè pete : Manje vinn ra yon ti moman. Moun komanse fè mache nwa. Gen moun ki mouri ak grangou , ak swaf.
3. Oto pa preske kouri, paske pa gen gaz.
4. Nan ka aksidan. Tout moun vin frè. Menm bouro ki soti bat Pòl ak Silas vin mete ajnou devan yo pou rele yo patwon». Tra.6 :31

II. **Nan ka sibit tankou : maladi , fayit, dife**
Ou tande moun kap rele anmwe sekou. Ou pa janmen tande yonn ki di : Vin pote' m sekou, mwen rich, mwen bèl, mwen se yon vedèt, ou byen mwen gen gwo diplòm. »
Se la travay Bon Samariten an komanse. Moun pa konnen non' l jouk kounyeya, men tout moun ap pale de sansiblite' l ak devouman 'l, pou' l sove yon moun ke 'l pat menm konnen . Lik.10 : 30

Pou fini
Men mwen jodia ki bò wout la. Distans pou 'm reflechi, mwen trouve'm devan yon moun pou'm ede san enterè. Eske moun sa se pa pwochen'm?'

Kesyon

1. Ki lè lèzom rekonèt ke nou tout se frè nou ye ?
   Lè yon andanje

2. Di m kèk danje
   Siklòn, lagè, aksidan, fayit.

3. Ki kote wòl Bon Samariten an komanse ?
   Kote gen moun ki bezwen yo pote yo sekou

4. Ki jan bouro Pòl ak Silas rele prizonye sa yo lè li wè danje a ?
   Patron

5. Ki rèl ou pa janmen tande lè yon moun andanje ?
   Vin pote m sekou, mwen rich, mwen bèl, mwen yon vedèt, mwen gen gwo diplòm.

Leson 9
Pwochen'm Se Sila Ki Kap Fè Erè Tankou'm

Tèks sou leson an : Matye.7 : 1-12 ; Jak.2 :1,9 ;3 :2
Tèks pou li nan klas la: Matye.7 :1-5
Vèsè pou resite: Tou sa nou vle lòt moun fè pou nou, nou menm tou fè l' pou yo. Se sa lalwa Moyiz la ak liv pwofèt yo mande nou fè. **Matye. 7 : 12**
Fason pou fè leson an : Diskou, konparezon, kesyon
Bi leson an : Montre ke defo ou jwen kay frè 'w se yon fotokopi de defo ou gen kay ou.

Pou komanse
Pa gen anyen ki fè lòm pi dou ke lè li aplike règ sa nan vi 'l. Li di: « **Tou sa ou ta vle yon moun fè pou w, se pou' w dakò pou w fè' l pou li tou. Se Bib la ki di sa** ». Matye. 7 : 12
Si' w kwè 'l konsa, ou va wè kantite reskonsablite ou genyen pou pwochen' w.

I. **Kite' m pwoche pi pre pou 'm wè frè' m byen.**
    1. Li gen san nan kòl tankou mwen menm
        a. Si' m ka fache, li ka fache tou.
        b. Li ka soufri e li ka fè moun soufri, tankou mwen menm.
    2. Li potre ak mwen paske sa' l fè ki mal la, mwen konn fè' l tou, mwen fè lòt bagay ki mal tou lè' m pa kwè. Jak. 3 :2

II. Avan' m jije' l, se pou 'm jije tèt mwen.
    Byen souvan nou kondanen kay moun defo ke nou refize dakò ke nou genyen kay nou. Jezi pa dakò lè nou fè sa. Matye.7 :3-5

III. **Se pou' m aprann egzaminen konsyans mwen avan'm kondanen frè' m**.

Konsa, si se mwen ke yo rele pou pini' l, mwen pral fè sa ak mezi, san prejije, san mechanste, san konsidere koulè' l, ras li, otè' l ou byen ti mwayen li genyen. Jak.2 :1, 9

1. Mwen pa gen dwa ni kondanen'l, ni fè pa'l dapre kilti, edikasyon, profesyon ou byen kwayans li nan Bondye. Jistis pa gen zafè moun pa. Se pou'w mete la verite kote'l ye.
2. Mwen dwe wè konsyans mwen dabò pou'm wè si'm pa merite menm pinisyon moun nan mwen pral kondanen an.

Pou fini

Se lè sa ou pral pi konprann pou'w santi ou devan pwochen' w.

Kesyon

1. Ki sa pwensip la di ?
   Tou sa ou ta vle yon moun fè pou 'w, se pou w dakò pou w fè' l pou li tou.

2. Ki jan pou' m ka wè frè' m ?
   Dapre menm defo yo mwen genyen kay mwen.

3. Ki jan pou'm jije frè'm?
   Se pou'm aprann egzaminen konsyans mwen avan'm kondanen frè 'm

4. Ki sa pou 'm fè ak ras e relijyon lòt moun nan ?
   Yo pa kapab fè 'm genyen bon santiman pou moun nan.

5. Ki sa pou'm fè avan'm kondanen frè'm ?
   Wè konsyans mwen avan

Leson 10
Pwochen'm Se Sila Ki Gen Pou Mouri Tankou'm

Tèks sou leson an : Sòm.136 : 6 ; Matye. 16 :18 ; 25 :31-44 ; Lik.16 : 24-26 ; Jan.16 :13 ; Wom.6 : 23 ; 2Kor.5 :10 ; e. 4 :14 ; Jak. 2 :26 ; 1Jan.1 :7
Tèks pou li nan klas la: 2Kor.5 :1-10
Vèsè pou resite: Paske, nou tout nou gen pou n' konparèt devan Kris la pou li ka jije nou. Lè sa a, chak moun va resevwa sa ki pou li dapre byen osinon dapre mal li te fè antan l' te nan kò sa a. **2Kor.5 :10**
Fason pou fè leson an : Diskou, konparezon, kesyon
Bi leson an : Fè tout moun sonje ke gen yon jou tout moun pral jije.

Pou komanse
Nan Sòm 136 nou li ke Bondye mete latè ap navige sou dlo. Nou konnen ke gen` yon (1) posyon tè kap navige sou de (2) posyon dlo. Si nou pran latè tankou yon bato sou dlo, sa vle di nou tout se touris kap vwayaje nan menm bato a. Kelkeswa kote a, kèlkeswa lè ou te monte abò a, nou tout pral debake nan pò lanmò a e nou tout pral pase devan imigrasyon yo rele Jijman Bondye. 2Kor.5 :10

I. Ki kote nou yonn sanble ak lòt ?
1. Nou tout, nou viktim peche. Wom. 6 :23
2. Ni 10 komandman, ni bèl pwogram ak bèl chan pa kapab sove nou. Lik.10 : 31-32
3. Jezi kite twon li pou 'l vin anba isit la pou' l sove nou. Lik.19 :10 ; Ebre.4 :14
   a. **Diven** Bon Samariten pou sove moun blese a, vle di san Jezi ki te koule pou sove nou.

       Lik. 10 : 34 ; 1Jan.1 :7
- b. **Lwil** la li pase sou blese a vle di Sentespri ki la pou finn fè travay la nan nou.
  Lik.10 :34 ; Jan.16 :13
- c. **Klinik la vle di lopital** Sentèspri a pou tou swen n'ap bezwen avan Jezikri retounen.
  Matye.16 :18 ; Lik.10 :35
- d. **Fwa nou se kredit kat** Jezi kite nan men nou pou nou sèvi ak li jouk tan li retounen. Lik. 10 : 35

II. Ki bò nou diferan an ?

Nou tout se pechè, viktim de peche nou sou wout Jeriko la vi a. Jezi, se li menm sèl tankou Bon Samariten an ki kap sove nou. Se nou ki konnen si nou ap asèpte' l pou sovè nou. Tra.4 :12

III. Ki dènye mo pou'm ta di 'w ?

1. Sèvi tout moun san gade dèyè **kounyeya**. Jak.2 :26
2. Sonje ke Jezi renmen yo **kounyeya** e li pran swen yo **kounyeya**.
3. Li peye pou peche' m ak pa' w sou bwa kalvè a pou nou kap sove **kounyeya**. Tra.2 :38-39

Pou fini

Gen yon jou kap vini, ni mwen, ni ou menm, nou pral parèt devan tribinal Kris la. Li pral tro ta pou' w mande'm « Eske moun sa se pwochen'm ? »

Kesyon

1. Ki jan nou ta dwe wè tout moun sou la tè ?
   Tankou touris kap vwayaje nan menm bato

2. Ki kote tout moun pral debake ?
   Nan lanmò

3. Devan ki biro imigrasyon yo tout pral prezante ?
   Devan Biro Imigrasyon Jijman Dènye

4. Ki kote pral gen diferans nan lè saa ?
   Gen ki pral nan la vi pou tou tan, gen ki pral nan lanfè.

5. Sa ki fè pap gen moun pa lè saa ?
   Tout moun pechè san wete, san mete.

6. Ki dènye rekomandasyon Kris te kite ?
   Pou nou renmen tout moun, pou nou rann yo sèvis kounyeya.

Leson 11
Pwochen'm Se Moun Nan Ki Pa Konn Tout Bagay Tankou'm

Tèks sou leson an : Sòm. 139 :2 ; 147 :4 ; Eza.57 :15 ; Matye. 10 :30 ; 16 :3 ; Jan.6 :9-12 ; 14 :3 ; 17 :20 ; Wom.8 :30
Tèks pou li nan klas la: Jan.6 :9-12
Vèsè pou resite: Fè byen san gad dèyè. Yon lè konsa, w'a jwenn rekonpans ou. **Ekl.11 :1**
Fason pou fè leson an : Diskou, konparezon, kesyon
Bi leson an : Montre nesesite pou w bliye tèt ou yon moman pou w kap sove pwochen w.

Pou komanse
Lè nap etidye èstatistik, yo pale' w de sa ki kap rive.
Lè 'w nan kontablite yap pale de bidjè, yap sipoze konbyen depans la ka ye pou ane a kap vini an. Pandan tout vi'l, lòm a fè kalkil. Se yon bon bagay wi. Pouki rezon yo fè sa ? Se paske nou dwe saj nan sa n'ap fè.

I. Kalkil lòm pa toujou egzat.
1. Nan aritmetik yo di 2 fwa de fè 4. De ak (2) 2 fè 4. Nou konnen byen sa pa vre nan tou bagay. Si 'w ta mande Jezi, konbyen 5 ak 2 fè, li kap demontre 'w ke' l fè plis ke 5000. Jan. 6 : 9-12
2. An nou wè dapre sa meteo konn di
   Kan syèl la sennis, moun yo di pral gen gwo loraj. Yo konn siy nan lè a, men yo pa konnen anyen nan sa ki pral pase dapre siy Bondye voye nan nasyon yo.
   Yon lòt koze ankò, yo kap di ki grosè siklòn yo, men yo pa kapab fè anyen pou limite dega yo. Matye.16 :3

II. **Kalkil Bondye yo se sa nèt.**
   1. Bondye depase tout moun ak tout bagay
      Ezayi. 57 :15
      a. Li konnen chak etwal e li gen yon non pou yo chak. Sòm.147 : 4
      b. Li konnen tout sa ki sekrè nan kè nou ke nou pa vle di moun. Sòm. 139 : 2
      c. Li konte konbyen fil cheve nou genyen nan tèt nou.Matye.10 :30
      d. Li konnen konbyen moun kap sove. Li rele yo, li jistifye yo e li glorifye yo. Wom.8 : 30
   2. Bondye nou an li viv pami nou. Li fè tèt li moun pou' l viv pami moun. Ki pi gwo mistè pase sa!
      a. Li viv tankou nou pou' l konnen mizè nou, pou sove nou anba lanmò e li fè pwovizyon pou sove tout moun ki kwè nan Jezikri. Jan.17 : 20
      b. Li déjà fè plas pou nou chita bò kote' l nan syèl la. Jan.14 :3

Pou fini
Piske Bondye sa se Papa'w, li papa'm tou, li pa gen dout ke ou menm se pwochen'm.

Kesyon

1. Pouki sa nou di kalkil lòm pa toujou egzat ?
   a. Se paske 2 ak 2 pa toujou bay 4.
   b. Jezi kap demontre nou ke 2 ak 5 kap bay plis ke 5000

2. Ki limit lòm nan sa lap planifye ?
   Li pa kapab limite dega siklòn yo.

3. Montre ki jan Bondye fè kalkil li.
   Li konnen kantite etwal yo, kantite cheve ki nan tèt nou, kantite moun kap sove.

4. Piske Bondye se Papa'w e li Papa'm tou, ki sa mwen ka ye pou rou ?
   Pwochen' w

Leson 12
Pwochen'm Se Sila Ki Blije Admire Jès Yon Ti Moun

Tèks sou leson an : Matye.14 :15-21 ; Jan. 6 :9-11 ; 7 :37-39 ;
Tèks pou li nan klas la: Matye.14 :15-21
Vèsè pou resite: Jezi reponn yo: Yo pa bezwen ale. Ba yo manje nou menm. **Matye.14 :16**
Fason pou fè leson an : Diskou, konparezon, kesyon
Bi leson an : Elve ti moun nou yo nan fason pou yo pa chich.

Pou komanse
Letènèl Bondye nou an fèmen bouch tout ledmi yo ak sèlman jès yon ti moun. Pou'm di'w byen, jouk kounyeya yap pase mesaj li a

I. Bagay pou nou sonje
Jezi te bezwen nouri yon foul moun nan yon moman pat gen anyen menm pou bay moun yo manje.
1. Disip yo vini ak yon lide nan tèt yo. Yo di Jezi : « Pwononse benediksyon, voye moun yo kay yo ».
2. Jezi pa janmen vote pou solisyon ki fasil. Li di yo : **okontrè, degaje nou bay pèp la manje kounyeya**. Matye.14 :16
   a. **Sa vle di : lakesyon de nouri yon pèp se pa travay gouvèman. Se travay Legliz.**
   b. Li di ke gwo dlo de gras Bondye ka soti nan legliz pou'l koule al jwen pèp la. Jan.7 :37

3. Jezi sèvi ak sal te jwenn pou'l bay moun yo manje. Yon ti moun bay li 5 pen ak 2 pwason, epi sa te kont. Jan.6 : 9-11

II. An nou prezante' w ti gason saa.
1. **Li pa te chich** : Li bay tout sa'l te genyen a san pou san a Jezi. Jan.6 : 9-11
   Konsekrasyon total sa a Senyè a kòz mirak chanjman te fèt et tout moun te benefisye. Ti kras la te vinn twòp.
2. Li te senp e li te gen fwa.
   a. Ti gason an pat janmen fè kalkil pou'l konnen konbyen moun ti manje'l te kap nouri. Li sèlman obeyi a sa Jezi mande'l.
   b. Pa gen anyen ki di, apre sa, li al sere yon kote pou'l kriye.
3. Bib la pa di nou anyen de paran' l. Nan moman pou' l fè byen an, li pat sonje mande paran s'il dwe fè byen.
4. Nap toujou lonmen non ti gason saa.

Pou fini
Si Jezi ta bezwen sèvi ak byen' w pou' w sove yon bann moun kap mouri grangou, eske'w pral dakò ? Gade la tou pre'w, moun nan kap baye pou grangou tout la jounen an, ki pral kouche san soupe lannwit la. Provoke mirak la kounyeya, e apre sa, sispan mande « ki moun ki pwochen' w? »

Kesyon

1. Ki solisyon ki pi fasil disip yo te jwen pou voye foul moun yo ale ?
   Fèmen zye sou bezwen yo.

2. Ki sa Jezi te mande yo ?
   Pou yo degaje yo bay foul la manje

3. Ki sa ki pase nan tèt nou lè saa ?
   Si gouvèman pran reskonsablite pou nouri pèp la, se paske Legliz pèdi wòl li.

4. Ki sa nou bezwen pou ede moun ?
   Nou bezwen gen yon kè sansib pou nou ede ak sa nou genyen.

5. Pale' m de ti gason an
   Li te senp e li pat chich.

6. Ki sa nou bezwen pou nou fè gwo mirak ?
   Bay tout sa nou genyen a Jezi.

Lis vèsè yo

1. Bondye di ankò. Ann fè moun. N'ap fè l' pòtre ak nou, pou li sanble ak nou. La gen pouvwa sou pwason ki nan lanmè yo, sou zwazo ki nan syèl la, sou tout bèt yo gade, sou tout latè, sou tout bèt nan bwa, sou tout bèt ki trennen sou vant sou tè a. Ge.1 :26

2. Je Senyè a toupatou, l'ap veye tout moun, bon kou mechan. Pwo.15 :3

3. Se li menm tou ki kreye tout nasyon ki rete toupatou sou latè. Li fè yo tout soti nan yon sèl moun. Li te fikse davans tan ki pou yo chak, ak limit kote pou yo chak rete. Tra.17 :26

4. Vini non, nou tout ki swaf dlo. Men dlo! Vini non, nou tout ki pa gen lajan, nou mèt vini. Achte manje pou nou manje. Nou pa bezwen lajan! Achte diven ak lèt pou nou bwè. Nou pa bezwen peye! Ezayi.55 :1

5. Se pou nou yonn ede lòt pote chay yo. Se konsa n'a obeyi lalwa Kris la. Gal. 6 :2

6. Moun ki pa kont nou, se moun pa nou li ye. Mak.9 :40

7. Separe sa nou genyen ak moun ki grangou. Louvri pòt kay nou pou nou resevwa malere ki pa gen

kote pou yo dòmi. Si nou wè yon frè nou toutouni, ba li rad pou li mete sou li. Pa refize lonje men bay frè parèy ou. Ezayi. 58 :7

8. Se pou moun nou yo aprann fè sa ki byen tou, pou yo bay lè gen ka nesesite. Yo pa fèt pou y'ap viv konsa san yo pa bay anyen. Tit.3 :14

9. Tou sa nou vle lòt moun fè pou nou, nou menm tou fè l' pou yo. Se sa lalwa Moyiz la ak liv pwofèt yo mande nou fè. Matye.7 :12

10. Paske, nou tout nou gen pou n' konparèt devan Kris la pou li ka jije nou. Lè sa a, chak moun va resevwa sa ki pou li dapre byen osinon dapre mal li te fè antan l' te nan kò sa a. 2Kor.5 :10

11. Fè byen san gad dèyè. Yon lè konsa, w'a jwenn rekonpans ou. Ekl. 11 :1

12. Jezi reponn yo: Yo pa bezwen ale. Ba yo manje nou menm. Matye.14 :16

Evalyasyon

1. Nan douz leson yo ou soti wè a, ki lès nan yo ki pi touche w ?
   a. Pou tèt pa w ? _____
   b. Pou fanmiy w? _____
   c. Pou Legliz ou? _____
   d. Pou peyi w? _____

2. Ki desizyon w apre klas la?
   _____

3. Ki konsèy ou ta bay a Lekol dimanch la :
   _____

4. Kesyon pèsonèl :
   a. Ki jan de kontribisyon mwen te kap pote nan Legliz la? _____
   b. Ki jefò mwen fè pou m amelyore kondisyon l
   _____

   c. Si Jezi vini kounyeya eske mwen pral fyè de travay mwen?_____

DIFE KRAZE BRIZE

Dife 20 – Seri 4

OFRANN YO NOU POTE?

Avangou
Zafè bay ofrann a Bondye antre nan edikasyon ni Jwif ni kretyen. Ofrann yo pa janm twòp, ni pa gen dwa gen plenyen pou sa, kant lè a rive pou nou prezante' l.

Pastè Renaut Pierre-Louis

Leson 1
Pote Ofrann Bay Bondye Se Yon Privilèj

Tèks sou leson an : Jen.4 :1-15 ; Egz.35 : 22-35 ; 36 :2-7 ; 1Kwo.29 :14 ; Aj.2 :8 ; Ebre.6 :10
Tèks pou li nan klas la: Egz.35 :4-10
Vèsè pou resite: Se pou nou pran nan sa nou genyen pou fè ofrann pou Seyè a. Tout moun ki vle bay ak tout kè yo pou fè yon ofrann pou Seyè a va fè l'. y'a pote lò, ajan ak kwiv. **Egz.35 :5**
Fason pou fè leson an : Diskou, konparezon, kesyon
Bi leson an : Montre ke Bondye ap tann nou prezante l tout sa ki pi bon kay nou

Pou komanse
Si yon moun ta kwè li fè Bondye favè, lè li pote ofrann li Legliz, pito'l al mande Kayen yon konsèy pou'l konnen konsekans yo. Jen.4 :4-5
An atandan, an nou wè pwensip ofrann yo :

I. **Ou dwe bay ofrann ou ak tout kè' w.**
Egz.35 : 22,26,29 ; 36 :2
1. Ou dwe pote bay Letènèl **sa ki pa 'w** e ou dwe fè' l ak tout kè w. Egz. 35 :5
2. Ou dwe fè l san moun pa fòse 'w. Egz.35 : 29

II. **Ofrann nan dwe pou li yon bagay ki chè**
   1. Tankou Lò, lajan ak kwiv. Egz.35 :5-9, 19-21
   2. Pou byen di' w, Bondye ap tann ou pote bay li sa ki pi bon kay ou. Egz.35 : 22,26 ; 36 :3

III. **Ofrann nan dwe pou montre ki jan ou gen Bondye rekonesans**
   Se yon bagay ki regade ou menm ak Bondye.
   Nan tan Moyiz la, bòs yo te mande Moyiz pou fè moun yo sispann kontribye, paske konstriksyon yo te pote pou bati tanp la te twòp. Mwen ta renmen wè kote yon Bank ou byen yon Legliz refize kòb yon oganizasyon paske yo pote twòp kòb ! Egz. 36 :4-7

IV. **Men sa nou dwe konnen**
   1. Bondye kontwole tout sa nou bay nan kontribisyon nou. Ebre.6 :10
   2. Lè ou peye yon moun sa'w te dwe'l, ou pa rann li okenn sèvis. Konsa, pa gen okenn kontribisyon ou pote Legliz ki pou fè Bondye sezi.
      a. Letènèl di : Ni lò ni lajan se pa'm yo ye Aje.2 :8
      b. Pito nou di tankou David : « Tout sa nou bay ou, se nan men'w yo soti. » 1Kwo.29 :14

Pou fini
Si w pa finn dakò a sa nou sot di w la, al kote Abèl, ti frè Kayen. Mande'l prete yon rad ki bon pou moun adore e lwe Bondye. Depi lè sa, wap imilye'w devan'l , wap adore e wap bay li yon ofrann ki fè'l plezi.

Kesyon

1. Ki kondisyon pou' w bay yon ofrann ki fè Bondye plezi?
    a. Ou dwe bay li 'l ak tout kè 'w.
    b. Li dwe koute 'w.
    c. Li dwe fè wè ke ou gen Bondye rekonesans

2. Ki sa' w dwe sonje?
    a. Bondye konnen konbyen kòb ou genyen.
    b. Li pap sezi pou kantite kòb ou pote Legliz.
    c. Tout sa ou bay la, se nan men' l li soti.

3. Ki gwo levènman ki te rive nan tan Moyiz la pandan yap konstri tabènak la ?
   Bòs yo mande Moyiz pou fè moun yo sispann kontribye. Yo te gen twòp materyo.

4. Anwetan kòb yo te bay, ki sa pèp la te bay ankò pou konstriksyon an ?
   Yo te bay talan yo.

5. Ki ofrann Bondye refize ?
   Ofrann ki fèt ak ogèy tankou ofrann Kayen an.

Leson 2
Ofrann Pou Letènèl, Se Yon Obligasyon

Tèks sou leson an : Egz.11 :5-7 ; 12 :40 ; 14 :14 ;16 :35 ; 30 : 11-16 ; Matye.27 : 35 ; Jan.3 :16 ; Wom.6 :4,22 ; 12 :1-3 ; Ebre.10 :4
Tèks pou li nan klas la: Wom.12 :1-3
Vèsè pou resite: Se sak fè, frè m' yo, jan Bondye fè nou wè li gen kè sansib pou nou an, se pou nou ofri tout kò nou ba li tankou ofrann bèt yo mete apa pou Bondye, bèt yo ofri tou vivan epi k'ap fè Bondye plezi. Se sèl jan nou dwe sèvi Bondye tout bon. W**om.12 :1**
Fason pou fè leson an : Diskou, konparezon, kesyon
Bi leson an : Montre ki jan Bondye ap tann nou konsa pou nou apresye sakrifis Kris sou kwaa pou sove nou.

Pou komanse
Prezante ofrann nou a Letènèl plis ke yon privilèj, se yon devwa. Men pou ki rezon :

I. Se Letènèl ki rachte tout jwif yo.
1. Li fè gwo depans pou sa.
    a. Li arete mouche Lanmò pou retire pèp sa nan men fararon. Egz.11 : 5-7
    b. Se li ki fè tout frè yo pou pèp la ka travèse Lan Mè Rouj.Egz.14 : 14
    c. Pandan 40 an li bay yo manje gratis nan Dezè a. Egz.16 : 35
    d. Aprè yo te finn pase 430 an nan esklavaj, men kounyeya yo lib pou travay e pou yo fè ekonomi. Egz.12 : 40
    e. Se lè saa Bondye egzije yo pou bay li posyon pal. Egz.30 :11-12,15-16

2. Tout moun dwe peye menm bagay pou vi yo Bondye te rachte. Egz.30 :12,15-16

II. Jezi mande nou menm bagay la tou
1. Piske li pat wont al pran imilyasyon pou nou sou la kwa, pou retire nou nan peche. Matye.27 :35
2. Piske nou te batize nan san Jezikri pou nou te delivre anba pisans Dyab la. Wom.6 :4
3. Piske kounyeya nou lib gras a san Kris la. Wom.6 :22
4. E piske kounyeya nou pa gen yon tèt bèt pou nou ofri kòm sakrifis pou peche nou.
   a. Piske pou sove nou , Bondye pat touye yon bèt, ni li pat mande nou pou nou bay tout ti kòb nou gen la bank. Ebr. 10 :4
   b. Se Jezikri li te bay tankou yon sakrifis tou vivan. Jan.3 :16

Sepoutèt sa li mande' w jodia pou'w bay tèt ou tankou yon sakrifis vivan, sen e ki fè Bondye plezi.
Wom.12 :1-3

Pou fini

Depi jodia se pou' w chante :
« Jezi, dou mèt renye sou mwen… Fè m vinn dosil, mwen ki prizonye'w »

Kesyon

1. Ki jan Bondye te sove pèp Izrayèl ?
    a. Li te delivre'l nan èsklavj nan peyi Lejip.
    b. Li bay li manje lama n nan gratis pandan 40 an nan dezè a

2. Ki sa Bondye mande 'l ?
   Pou chak moun peye pri li mande a pou delivrans saa.

3. Pouki sa Jezi mande nou menm bagay la ?
    a. Paske li te mouri nan plas nou pou peye dèt peche nou.
    b. Paske kounyeya Jezi fè nou vin lib.

4. Ki sa Bondye mande nou kounyeya ?
   Se pou nou ofri vi nou tankou yon sakrifis

Leson 3
Jezi, Se Ofrann Tout Bon An

Tèks sou leson an : De.16 :16b ; Jan. 3 :16 ; 4 :10 ; 20 :17 ; Wom.6 :22 ; 12 :1-3 ; 1Tim.6 :10 ; Ebre. 10 :19 ; 11 :6
Tèks pou li nan klas la: Ebre.10 : 19-25
Vèsè pou resite: Men koulye a, nan Jezikri, nou menm ki yon lè t'ap viv lwen Bondye, nou vin toupre l', gremesi san Kris la ki koule lè li mouri pou nou an. **Ef.2 :13**
Fason pou fè leson an : Diskou, konparezon, kesyon
Bi leson an : Montre patisipasyon Jezi nan ofrann nap prezante Bondye

Pou komanse
Gen yon gwo mistè nan ofrann nap pote bay Bondye.

I. Ki wòl Jezi nan ofrann nap bay Bondye?
    1. Piske Jezi se ansosye nou li ye nan priyè nap fè bay Bondye, men ki jan li mande pou nou priye :
        « **Papa nou ki nan syèl la. Li di Papa nou, sa vle di papa' l e papa' w tou paske fòk siyati san' l sou ofrann nan pou Bondye ka Asèpte' l.** Jan.20 :17
    2. Konsa lè nou prezante ofrann nou an, Bondye resevwa 2 sakrifis :
        a. **Sakrifs san Jezi** ki chita sou ofrann nou an. Ebre.10 :19
        b. Answit, sakrifis vi nou ke li asèpte nan non Jezikri tankou **yon sakrifis vivan**. Wom. 12 : 1

3. Sakrifis nou ofri li pa vle di anyen si nou pa vini pou adore'l e bay li glwa. Moun pa kap kraponnen Bondye ak kòb.
   a. Li byen konnen ke amou nou pou lajan detache kè nou de Bondye.1Tim.6 : 10
   b. Se Bondye nou imite kant nou prezante gwo ofrann Legliz paske li te déjà bay nou egzanp kant li te bay Jezi nan sakrifis kòm pi gwo ofrann pou sove nou. Jan.3 :16
4. Li menm mande pou pèsonn pa vinn devan' l ak men vid. De.16 :16
   a. Se paske lè ou vinn wè' l li pa janm voye' w tounen ak men w' vid. Ebre. 11 :6
   b. Nan plas bagay materyèl ou bay li, li va bay ou byen ki pap janm gate ki soti nan syèl la. Jan.4 : 10
   c. Sonje ke se èsklav Bondye nou ye. Konsa tout byen nou se pou li. Pa gen diskisyon nan sa. Wom.6 :22

Pou fini
Nou menm ki konnen Senyè a rachte nou, vin bay li glwa lè nap pote ofrann nou. Nou konnen byen li pap kite nou retounen ak de men nou vid.
De. 16 :16 ; Ebre.11 :6

Kesyon

1. Ki wòl Jezi nan ofrann nap bay Bondye ?
   a. Jezi se asosye nou nan priyè nou.
   b. Fòk siyati san'l sou ofrann nan pou Bondye ka asèpte 'l.

2. Pouki sa nou di ke Bondye resevwa 2 sakrifis lè nap prezante ofrann nou?
   Paske Bondye pap jan asèpte sakrifis ofrann nou bay li a si' l pa kouvri ak sakrifis san Jezikri.

3. Ki si ki enterese Bondye nan ofrann nou prezante a? Atitid kè moun nan kap bay ofrann nan.

4. Pouki sa nou di ke gwo ofrann nou an pa gen anyen ladan ki estraodinè?
   Paske Bondye déjà bay nou egzanp lè li sakrifye pou nou sa li te genyen ki pi chè pou sove nou.

5. Ki gwo sekrè ki genyen nan ofrann ?
   Lè 'w pa vin devan Bondye ak men w vid, li pa voye' w ale ak men 'w vid.

Leson 4
Ou Dwe Prepare Ofrann Nan Davans

Tèks sou leson an : Ge.4 :4-8 ; 12 :2 ; Matye.6 :24 ; Lik.12 :16-21 ; 1Kor. 9 :11-14 ; 16 :2 ; 2Kor.8 :3 ; 9 :8 ; 1Ti.6 :10 ; Ebr.6 :10
Tèks pou li nan klas la: 2Kor. 8 : 1-5
Vèsè pou resite: Chak premye jou nan senmenn lan, se pou chak moun mete yon ti lajan apa dapre sa yo te fè. Y'a sere l' lakay yo. Konsa, nou p'ap bezwen tann se lè m' rive lakay nou pou n'ap chache lajan an. **1Kor.16 :2a**
Fason pou fè leson an : Diskou, konparezon, kesyon
Bi leson an : Nou dwe bay prèv ke Bondye dominen panse nou.

Pou komanse
Eske nou konnen ke Bondye pa mele ak moun ki fasè, ki chalatan? Mwen ap pale avè'w : Eske ou menm se pitit li? Si se konsa :

I. **Ou dwe panse a kalite ofrann nan pou bay Bondye**
   1. Paske Bondye dwe dominen panse' w.
   2. Paske li ap tann pou' w bay li yon ofrann ki koute 'w. 1Kor.16 :2

II. **Men rezon yo :**
   1. Lè ou bay li ofrann ki gen valè, ou montre ou pa chich, ni egoyis, ni idolat, ni wè nan byen latè. 1Ti.6 : 10
   Mamon se espri a ki kontwole lajan, men ki pa kontwole' w. Matye.6 :24

2. Yon moun ki pa pè vole Bondye, li pap pè vole moun. Kayen te yon egzanp. Jen. 4 : 4-8
3. Ou dwe bay Bondye sa ki deranje'w lè'w finn bay. 2Kor.8 :3
4. Ou bay Bondye pou 'w ka beni. Bondye ap beni kè' w avan li beni pòch ou. 2Kor.9 :8
5. Bondye ap beni'w pou'w kapab yon sous benediksyon pou lòt moun. Jen. 12 : 2

III. Men sa ou dwe pou 'w sonje
1. Apre ou finn bay ofrann ou an, ou genyen rès vi 'w ki rete pou'w kontinye produi.
2. Se sa nonm rich la te bliye. Li pran retrèt li e li deside pou 'l manje sa'l te fè jouk tan li mouri. Lik.12 : 16-21
3. Ofrann nou se adorasyon ak papye, ak grinnbak, an byen ki gen pou peri. Bondye vle ke li reprezante yon bagay ki soti nan kè' w. 1Kor. 9 : 11-14
4. Bondye ap gade sa ki rete' w lè 'w finn bay. Vèv la pat gen anyen ki te rete' l. Li bay Bondye **tout sa'l te genyen**. Poutan, nonm rich la **gade tout sa li te genyen. Mak.12 :44**

Pou fini
Moun nan ki pi rich la, se sila ki asèpte detache' l de tout byen pou' l ka jwen Bondye. Fè Bondye konfyans. Li fidèl e li jis ! Ebre.6 :10

Kesyon

1. Pouki Bondye pran nou ?
   Pou pitit li

2. Dapre leson saa ki sa Bondye ap tann nan men nou?
   a. Ke nou panse a sa nou pral kontribye a
   b. Ke ofrann nou a gen valè.

3. Ki sa bèl ofrann nan fè nan la vi nou ?
   Li montre nou pa chich, ni egoyis, ni idolat, ni gen amou pou byen latè

4. Pouki bi nou bay ofrann ?
   Pou nou jwen benediksyon Bondye

5. Ki sa Bondye ap gade lè nou finn bay ofrann nan?
   Sa ki rete pou nou lè nou finn kontribye

Leson 5
Ofrann Remèsiman

Tèks sou leson an : Egz.23 :14 ; Le.3 :1-5 ; 1Kwo.29 :14 ; Sòm.34 :2 ; 1Wa.9 :25 ; Jan.6 :11 ; 1Kor.1 :4 ; Ef.5 :4 ; 1Tès. 5 :18 ; Rev.7 :11-12
Tèks pou li nan klas la: Egz.23 :14-19
Vèsè pou resite: Twa fwa chak lanne, n'a fè fèt pou mwen. **Egz.23 :14**
Fason pou fè leson an : Diskou, konparezon, kesyon
Bi leson an : Montre ke Bondye ap tann nou vin di' l mèsi.

Pou komanse
Men yon lòt koze ankò. Kote zafè remèsiman an soti? Ki moun ki dwe di Bondye mèsi. Ki jan pou' l fè 'l ?

I. Dabò : remèsiman an se nan syèl li soti
1. Toutan anj yo ap di Bondye mèsi. Rev. 7 :11-12
2. Avan Jezi separe pen an, li bay Bondye remèsiman. Jan.6 :11
3. Apòt yo tou tan ap bay Bondye remèsiman. 1Kor.1 :4
4. Se yon abitid pou yon moun gen nan san' w si' pa malèdve. Ef.5 :4 ; 1Tès.5 :18

II. Ki sa menm remèsiman an ye?
1. Se montre rekonesans nou ak kè kontan pou sa nou konnen Bondye fè pou nou. David di « Map beni Letènèl toutan » Sòm.34 :2
2. Letènèl te odonen Izrayèl pou fè fèt remèsiman an twa fwa chak ane. Egz.23 :14

3. Wa Salomon pa janmen bliye fè sa. 1Wa.9 :25
4. Sèlman, fòk yo sakrifye lè saa bèt ki pa gen okenn defo : Le.3 :1
   a. Se moun nan kap fè sakrifis la ki pou mennen 'l devan sakrifikatè a, pou yo brile' l pou Letènèl. Le.3 :2,5
   b. Ofrann nan dwe gen valè : Salomon ofri à Bondye yon bann sakrifis. 1Wa. 9 :25
   c. Fèt sa dwe pou' l grandyoz : Yo dwe bay anpil pafen, sa vle di yon adorasyon ki gran anpil. 1Wa.9 :25
   d. Li dwe pou 'l pa gen konparezon : Salomon **te finn bati Tanp Letènèl la. Se yon fason pou nou di ke li te depanse plis pou Letènèl ke pou resèpsyon an.** 1Wa.9 : 25

Pou fini

Sèlman , sonje pou' w fè piti devan Bondye ki posede tout bagay e ki mete nou tout sou kont li.1Kwo.29 :14

Kesyon

1. Ki sa ofrann remèsijman ye ?
   Se montre rekonesans nou ak kè kontan pou sa nou konnen Bondye fè pou nou.

2. Avan nou, ki lès ki konn bay remèsiman a Letènèl ?
   Anj yo

3. Ki moun ki vin aprann nou a fè sa ?
   Bondye Papa a ak Jezi, Pitit li

4. Ki jan pou nou prezante ofrann saa?
   a. Li dwe pou' l san tach, san defo.
   b. Se moun nan kap bay remèsiman an ki pou pote 'l.
   c. Li dwe gen valè, li dwe fèt grandioz, li dwe pou 'l san parèy.

5. Vre ou fo
   a. Si m pa rich tankou Salomon, mwen pa kap bay Bondye yon sakrifis de remèsiman
   ___ V ___ F
   Sèvis remesiman se zafè moun rich ak moun ki vle fè wè.
   ___ V ___ F
   Sèvis remèsiman an se zafè moun ki gen larekonesans.
   ___ V ___ F

Leson 6
Abraram Bay Yon Ofrann Sakrifis

Tèks sou leson an : Jen.11 :31 ; 12 :1-8 ; 14 :9,20 ; 17 : 17 ; 21 : 5 ; 22 :17-18
Tèks pou li nan klas la: Jen.22 : 1-11
Vèsè pou resite: Zanj lan di l' -Pa leve men ou sou ti gason an. Pa fè l' anyen. Koulye a mwen konnen ou gen krentif pou Bondye vre, paske ou pa t' derefize touye sèl pitit gason ou lan pou mwen. **Jen.22 :12**
Fason pou fè leson an : Diskou, konparezon, kesyon
Bi leson an : Montre ke nan relasyon nou ak Bondye, tout moun gen yon Izarak pou'l sakrifye.

Pou komanse
Papa Bondye medaye Abraram. Li rele'l papa la fwa a Eske se yon tit pou onore'l? An nou pale de Abraram pou fè konnen ki moun li te ye.

I. **Gade ki jan'l grandi nan vi èspirityèl li?**
   1. Abram tap viv nan yon milye kote moun tap adore yon bann dye. Yo pat konnen Bondye pa nou an.
      a. Men gen yon jou, li renose a tèt pa'l, a nasyonalite kaldeyen an e a dye'l yo pou'l konfye'l a Letènèl, Bondye envisib la. Jen.11 : 31 ; 12 :1
      b. Letènèl mennen' l nan peyi Kanaran. Premye jès li fè lè'l rive, se te bati yon otèl pou Letènèl Jen.12 : 7
   2. Ki kote li te aprann sa ?
      a. Se te ayè li tap fè sakrifis pou dye yo te fabrike. Jodia, li konvèti , e pou'l montre ke

li pa nan dye sa yo ankò, li bati yon otèl pou Bondye tout bon an. Jen.12 : 7-8

b. Ayè, li te gen gaj pou'l peye a prèt fo dye yo. Jodia, lap bay a Letènèl la dim nan tout bagay. **Sa tout bagay la vle di** ?
Se dim li retire nan tout byen li.
Se dim li bay pou pwoteksyon Bondye bay a sèvitè 'l yo nan la gè kont kat (4) wa. Jen.14 :9, 20

II. Ki jan li pral grandi nan fwa' l ?

1. Li tann Bondye kant li te gen 100 an e Sara 90 an pou bay li Izarak, yon pitit li fè nan maryaj li ak Sara . Jen. 17 :17 ; 21 :5
2. Kounyeya, Bondye mande' l pou' l bay li pitit saa , se te pou' l wè si Abraram konvèti vre. Sonje byen ke nan koutim peyi kaldeyen yo, paran yo te gen pou bay dyab la premye pitit yo san yo pa plenyen.
3. Abraram te asèpte sakrifye Izarak pou'l fè Bondye plezi. Se rezon sa ki fè Bondye te medaye' l papa la fwa. E nou ka wè sa : Bondye fè' l rich. Jen.22 :17-18

Pou fini

Eske ou menm ou dakò kounyeya pou 'w **sakrifye Izarak ou a** bay Letènèl ?

Kesyon

1. Ki obligasyon ki te genyen nan ansyen relijyon Abraram nan?
    a. Ou dwe bay lajan pou zidòl yo pou yo bay ou pwoteksyon .
    b. Moun yo te konn sakrifye premye pitit yo a zidòl yo.

2. Ki sa ki te fè Bondye te medaye Abraram papa la fwa ?
    a. Li te fè Bondye konfyans. Li kwè li tap fè yon jan pou sove pitit li a anba lanmò
    b. Kan li te gen 100 an, li te asèpte sakrifye pitit lejitim li an bay Letènèl

3. Chwazi bon repons la
    a. Abraram te yon kriminèl.
    b. Izarak pat byen nan tèt.
    c. Se nan rèv istwa sa te pase.
    d. Bondye te vle sèvi ak istwa saa pou prezante nou yon potre Jezikri.

4. Chwazi pi bon repons la
    a. Yon ti moun pa la pou obeyi paran' l nan tout bagay.
    b. Yon ti moun dwe obeyi paran' l dapre sa le Senyè vle.
    c. Ti moun nan tan Abraram nan tap viv dapre koutim peyi yo.

Leson 7
Jakòb Ak Ofrann Li A Bondye

Tèks sou leson an : Jen. 25 : 27-34 ; 27 : 18-24 ; 28 : 20-22 ; 30 :25-43 ; 32 :25-28 ; 34 : 1-2, 15-21 ; 35 : 1-14 ;
Tèks pou li nan klas la: Jen.28 : 15-22
Vèsè pou resite: Wòch sa a mwen plante nan tè tankou bòn lan va sèvi kay pou Bondye. m'a ba ou yon dizyèm nan tout sa ou va ban mwen.. **Jen.28 :22**
Fason pou fè leson an : Diskou, konparezon, kesyon
Bi leson an : Montre ke lè ou fè Bondye yon promès fòk ou kenbe mo w.

Pou komanse
Kan Bondye vle beni' w, li pran tan netwaye kè 'w ak tout move entansyon ki ladan. Alo Jakòb, se de ou nou vle pale **kounyeya!**

I. **Jakòb tèlman mantè, menm Bondye li kwe li te kap bay li manti.**
   1. Li fè koken ak papa' l, li fè'l kwè ke se Ezaou ki devan'l pou'l vole benediksyon frè'l. Jen.27 :18-24
   2. Li fè koken ak frè' l Ezaou nan yon biznis malonèt li fè avè' l. Jen.25 :27-34
   3. Li fè koken ak Laban bòpè' l nan biznis yo te gen a de (2). Ge.30 : 32-36
   4. Alafen, li tap bat pou 'l fè koken ak Bondye.
      a. Li pat vle Bondye konnen ke 'l volè. Jen. 28 : 20-22 ; 32 :25-28
      b. Lòske li te vle pase kantite byen' l sou non frè li Ezaou, se te yon fason pou'l te kriye fayit pou 'l pat kenbe pwomès li a Letènèl. Jen. 32 :13-20

c. Poutan li te pwomèt pou'l bati tanp la pou Bondye. Bondye byen konnen ke misye ap fè kòb depi ventan. Tout byen li yo te proteje gras a Bondye. Jen. 35 : 1-7

II. Kounyeya, Bondye ap manyen ak li

Vakabon vyole Dina, pitit fiy li. Deblozay pete. Simeyon ak Levi gran frè Dina, touye tout gason nan peyi Sikèm. Konsa, Jakòb blije kite peyi a. Jen.34 :1-2, 15,25-31

III. Orezime, sa ki te pase ?

1. Bondye raple' l pwomès li te fè pou bati tanp la Jen.35 : 1-4
2. Jakòb li menm, li depouye e li mande tout pitit li yo pou fè sa tou. Jen.35 :1-4
Li resi bati tanp la pou Letènèl. Jen.35 :1-7

Pou fini

Jakòb se zansèt tout moun ki pran pwomès yo fè Bondye an jwèt. Fòk ou bay yo presyon pou yo kontribye. Konsèy mwen ta bay ou, pa fè tankou Jakòb.

Kesyon

1. Ki jan de moun Jakòb te ye ?
   Li kwè li kap tronpe tout moun, menm Letènèl.

2. Ki sa Jakòb vle di ?
   Koken, volè

3. Ki sa' l te fè pou l tronpe Letènèl ?
   a. Li pase yon kantite byen sou non frè' l
   b. Li fè tankou 'l te bliye pwomès pou bati tanp la pou Letènèl

4. Ki jan Bondye manyen ak misye ?
   a. Li kite yo vyole Dina pitit fiy li.
   b. Frè Dina yo Simeyon ak Levi touye tout gason nan peyi Sikèm.
   c. Jakob te oblije kite peyi a.

5. Koman sa te fini ?
   Jakòb bâti yon otèl pou Bondye e Bondye te beni l.

Leson 8
David Ak Gwo Ofrann Li Yo

Tèks sou leson an : No.3 :6 ; 1Samyèl.17 :12 ; 2S.12 : 1-12 ; 2S.24 :24 ; 1Wa.6 :20 ; 8 :63 ; 1Kwo. 21 :25 ; 29 :3,14 ; Sòm. 23 : 1 ; 27 : 1 ; 34 :2-22 ; 51 :18 ; 63 : 5 ; 91 : 1 ; 117 :1-2 ;

Tèks pou li nan klas la: 1Kwo.29 : 3-9

Vèsè pou resite: Men wa a reponn li, li di l': -Non. Se achte m'ap achte. Se pou m' peye pou yo. Mwen p'ap pran anyen ki pa koute m' lajan pou m' ofri pou boule nèt pou Seyè a. Se konsa, David achte anplasman glasi a ansanm ak tout bèf yo pou senkant pyès ajan. **2Sam.24 :24**

Fason pou fè leson an : Diskou, konparezon, kesyon

Bi leson an : Montre ki jan David yon wa ki pa chich kap onore yon Bondye ki pa chich

Pou komanse

David te yon wa yo te pale de li pi plis nan Ansyen Tèstaman an. Nou wè' l pi souvan nan tanp la ke sou chann batay. Men ki sa ki te pi dominen vi 'l ?

I. **Li lwe Letènèl ak bèl chan**
   An nou gade nan Sòm yo. Li lwe Letènèl
   1. Pou viktwa li yo sou lèdmi' l yo. Sòm.34 :22
   2. Pou protèksyon Bondye bay li. Sòm.91 :1
   3. Pou fidelite Bondye. Sòm.117 :1-2
   4. Pou sa Letènèl ye nan vi' l : Limyè, delivrans, bèje. Sòm.23 :1 ; 27 :1
   Konsa nou wè li lwe Letènèl ak chan kap soti nan bouch li. Sòm.63 :5

II. Li fete Letènel ak gwo ofrann.
1. Tout byen David se pou Bondye. Li pale de sa , se pa pou vante tèt li men pou li bay egzanp a lòt moun. 1Kwo.29 : 3, 14
2. Pitit li Salomon te depase' l nan bay gwo ofrann. 1Wa.6 :20 ; 8 :63

III. Li fete Bondye ak ofrann sakrifis.
1. Pou' l te achte yo moso tè nan men Aravna pou fè yon sakrifis pou Letènèl, li pa gade pri. 1Kwo.21 :25
2. Sèlman David konnen byen, avan' l prezante yon ofrran bay Letènèl, li dwe repanti de peche' l. Sòm.51 : 18

IV. Gen kèk remak nou vle fè :
David pat ni levit, ni sakrifikate. Pou' l ta ka konsa, fòk li te soti nan tribi Levi. No.3 :6

Li te sèlman yon ti bèje nan tribi Jidaa. 1Samyèl.17 :12

Li asèpte pwofèt Natan egzote' l e bay li sanksyon pou peche l. 2Sam. 12 : 1-7, 10-12

Pou fini

David ap toujou rete yon nonm ke Bondye damou pou li a kòs obeyisans li ak imilite 'l pou 'l fè sa Bondye mande' l. Kounyeya, an nou sispann pale de David, men an nou fè tankou' l.

Kesyon

1. Ki sa ki te dominen vi wa David ?
   a. Li te fete Letènèl ak anpil lwanj.
   b. Li te fete' l ak bèl ofrann.
   c. Li te fete 'l ak ofrann sakrifis.

2. Ki rezon li te genyen pou' l lwe Letènèl ?
   Pou viktwa yo ak proteksyon nan Bondye e fidelite Bondye

3. Pouki sa ofrann li yo te gwo anpil ? Pou 'l lwe Letènèl e bay lòt moun egzanp.

4. Piske 'l te wa pouki sa li pat tou pran tè a nan men Aravna?
   Li te vle ofri Letènèl yon ofrann ki koute' l.

5. Ki sa nou bezwen fè kounyeya. Pou nou bouke pale de David men pou nou al fè tankou'l

Leson 9
Ofrann Kretyen Masedwann Yo

Tèks sou leson an : 1Kor.16 : 3 ; 2Kor.8 :1-20
Tèks pou li nan klas la: 2Kor.8 :1-5
Vèsè pou resite: Sa depase sa nou te kwè a anpil: yo ofri tèt yo bay Seyè a anvan. Apre sa, yo ofri tèt yo ban nou jan Bondye vle l' la. **2Kor.8 :5**
Fason pou fè leson an : Diskou, konparezon, kesyon
Bi leson an : Prézante ofrann materyèl ak ofrann èspirityèl kretyen sa yo.

Pou komanse
Eske w bezwen genyen viktwa nan yon batay pou yo rele 'w Ero ? Jodia, mwen reklamen tit sa pou kretyen Masedwann yo, e mwen vle fè yo gwo konpliman pou kontribisyon yo.

I. **Ki jan yo te konn kontribye ?**
   1. Yo pa fè okenn kalkil ni konpare tèt yo ak sa lòt moun bay.
      a. Si se sa, yo pa tap janmen kontribye pou ede kretyen nan lòt peyi. 2Kor. 8 :4
      b. Ou byen yo ta kontribye yon ti kras kòb pase se pa Legliz yo. 2Kor.8 :20
   2. Poutan yo kontribye, men se te dapre fwa yo nan Senyè a :
      An nou gade byen :
      a. Masedwann se te yon peyi moun Grèk yo, ki lwen, lwen, lwen Jerizalèm, kapital peyi jwif yo.
      b. Kretyen Masedwann yo se payen ki vin konvèti.

      c. Yo voye ede ak kòb yo, jwif yo nan Jerizalèm ki konvèti nan Jezikri. Yo pa menm konnen yo. 1Kor.16 :3
      d. Yo pa gade sou ras, sou peyi, sou sa' w genyen. Yo ede lòt kretyen yo ononde Jezikri. Yo pa nan pale anpil.
      e. Yo fè' l san moun pa fòse yo e yo bay gwo ofrann. 2Kor.8 :4
      f. Yo bay plis ke sa yo te genyen . 2Kor.8 : 3
3. Apade sa, yo angaje tèt yo pou yo sèvi ni Bondye, ni apòt yo. Ala yon konvèsyon papa ! 2Kor. 8 :5

II. Di'm ki lè yo kontribye konsa ?
1. Se lè yo te nan mitan gwo tribilasyon
2. Se lè yo te nan zafè pa bon. 2Kor. 8 :1-2
3. Yo fè 'l ak gran jwa nan kè yo. 2Kor.8 :2
A la yon konsekrasyon papa !

Pou fini
Apati de jodia, an nou fè tankou kretyen Masedwann yo pou nou kontribye san gade toupatou, men pou nou gade kè nou ak konsyans nou. Se sa na rele revèy, se sa na rele Refomasyon tout bon an.

Kesyon

1. Pouki sa kretyen Masedwann yo te kontribye san gade dèyè ? Yo te vle egzèse fwa yo.

2. Ki jan ou kap èksplike sa?
    a. Yo pa gade sou ras, sou peyi sou sa moun nan genyen déjà pou yo kontribye.
    b. Yo kontribye sans moun pa fòse yo.
    c. Yo bay tèt yo pou sèvi ni Bondye ni apòt yo.

3. Ki lè konsa yo te kontribyé ? Kan yo te nan gwo tribilasyon e ke yo te nan gwo mizè.

4. Koman yo te kontribye ? Ak gran jwa nan kè yo.

5. Ki jan nou pran kretyen sa yo ?
    a. Yo te konsakre nèt ale a Bondye
    b. Yo komanse yon revèy tout bon nan Legliz

Leson 10
Fèt Remèsiman (Rès La)

Tèks pou leson an: De. 16:13-16 ; Ne. 8:10 ; Sòm.34:2-3 ; Ebre.13:3 ;
Tèks pou li nan klas la: Sòm 34 : 2-6
Vèsè pou resite: Se tout tan m'ap di Seyè a mesi, mwen p'ap janm sispann fè lwanj li. **Sòm.34 : 2**
Fason pou fè leson an : Diskou, konparezon, kesyon
Bi leson an: Mete kanpe yon moun ki gen larekonesans

Pou komanse
Lè Bondye pase yon lòd, pèsonn moun pa gen dwa diskite 'l. Se sèlman obeyi' l. Fèt remèsiman an se yon lòd Letènèl. Li pat janmen toudabò yon desizyon gouvèman ameriken. **De. 16:13**

I. Ki jan nou ta dwe selebre fèt saa ?
   Dapre non'l menm, se yon fèt remèsiman a Letènèl.
   1. Nou dwe fete gras Bondye ak yon kè rekonesan. Sòm.34:2
   2. Nou dwe fete' l ak anpil lwanj, ke ou te rich, ke ou te pòv. Sòm.34:3
   3. Nou dwe fè kè nou kontan ak tout moun, san nou pa bliye moun ki pòv yo. Ne.8:10
   4. Se bon moman pou gouvèman an lage kèk prizonye pou bay moun nan anvi pou 'l viv ankò. He.13:3
   5. Se bon moman pou nou egzote moun yo kap fè bòkò yo pou yo sispann jete manje Bondye nan kalfou yo, ak moun ki renmen fè sa tou nan dat sis (6) janvye chak ane.

6. Si nou vle fete Bondye chak jou nan la vi nou, syèl la ap blije desann pou vin patisipe ak nou.

II. Kote fèt sa vin gate
1. Gen moun ki manje e ki bwè twòp nan jou sa, ki pa bon pou sante yo.
2. Yo pran 'l pou yo fete ak fanmiy yo, ak zanmi yo. Se yon bon bagay nèt ale.
3. Sa ki pa bon an, yo neglije pati èspirityèl la.
4. Yo pa vle ale nan okenn Legliz pou lwe Bondye e bay remèsiman. Pa pale de ofrann remèsiman. Se dènye bagay yo ta fè. De.16 :16

Pou fini
Bat pou nou fè fèt sa tankou yon gwo levenman nan vi nou. Bay Bondye yon lwanj èspesyal e nou va wè ki jan la trete nou tankou yon pitit ki èspesyal

Kesyon

1. Ki pi bon fason pou nou fete fèt remèsiman an ?
   a. Nou dwe fete gras Bondye ak yon kè rekonesan.
   b. Nou dwe fete 'l ak anpil lwanj, ke ou te rich, ke ou te pòv.
   c. Nou dwe fè kè nou kontan ak tout moun, san nou pa bliye moun ki pòv yo.

2. Ki jan fèt sa vin deteriore
   a. Gen mou ki manje e ki bwè twòp nan jou sa.
   b. Yo pran' l sèlman pou yo fete ak fanmiy yo , ak zanmi yo.
   c. Yo neglije pati èspirityèl la.
   d. Yo pap ale Legliz pou pote ofrann remesiman yo.

3. Ki sa ke yo pap jwen nan ka saa ?
   Yo pap jwen gwo benediksyon Bondye

4. Vre ou fo
   a. Fèt remèsiman an se fèt ameriken.
   ___ V ___ F
   b. Se fèt kodenn.
   ___ V ___ F
   c. Fèt remèsiman an pa pou kretyen.
   ___ V ___ F
   d. Kretyen yo dwe fete Bondye chak jou.
   ___ V ___ F

Leson 11
Ki Sak Pou Chanje, Bib La Ou Byen Moun?

Tèks sou leson an: No.12: 1-15; Matye. 11:28; 28 :19-20 ; Mak.16 :16-17 ; Jan.14 :6, 27 ; Wom.1 :1-5 ; 3 :23 ; 6 :23 ; 1Kor.15 : 50-52 ; 1Tes. 4 : 13-18 ; 2Tès.2 : 3-4 ; 2Pyè.3: 13; Rev. 1:7; 7 :14 ; 13 :13-18 ; 19 :20-21 21 :1-27

Tèks pou li nan klas la: 2Ti.3 :12-17

Vèsè pou resite: Tou sa ki ekri nan Liv la, se nan Lespri Bondye a yo soti. Y'ap sèvi pou moutre moun verite a, pou konbat moun ki nan lerè, pou korije moun k'ap fè fòt, pou moutre yo ki jan pou yo viv byen devan Bondye. **2Ti.3 :16**

Fason pou fè leson an : Diskou, konparezon, kesyon

Bi leson an : Mete verite toutaklè devan moun ki kowonpi yo.

Pou komanse
Si yon moun di m li gen pouvwa pou' l chanje Bib la, ma sèlman mande'l pou'l kite twa (3) bagay pou mwen:

I. Premye bagay la se twa (3) gran mistè yo
1. Mistè de Sent Trinite a. Sa vle di gen 3 pèsòn nan Bondye : Papa, Pitit la ak Sentèspri a. M' di twa (3) paske Mari pa kapab nan Trinite a piske li pa Bondye. Matye. 28 : 19-20 ; Jan.14 :6
2. Se mistè de Jezikri ki vin pran yon kò pou li abite pami nou e pou 'l sove nou.
   Wom. 3 : 23 ; 6 : 23
3. Se mistè redanmsyon an.
   Jezi ki mouri pou peche e ki resisite pou' l bay prèv ke dèt la peye. Wom. 1 : 1-5

II. **Answwit, tout profesi yo ki pale de sa ki pral rive nan fen monn saa.**
   1. Lòm ap legalize sa ki sal. Yo pa gen fwa nan Bondye ankò. 2Tès. 2 : 3-4
   2. Nap wè toutaklè
      a. Moun ki di se yo ki Jezikri. 2Tès.2 :4
      b. Misye 666 ki gen pou gouvènen lemonn antye. Rev.13 :13-18
      c. Aksyon fo pwofèt yo. Rev. 19 : 20-21
   3. Gran tribilasyon sou monn saa. Rev.7 : 14
   4. Jezikri vin enlve Legliz li.
      1Kor.15 : 50-52 ; 1Tès.4 : 13-18
   5. Jezikri ki pou retounen nan menm kò a, pou tout moun ka wè 'l, touche 'l menm, lè li pral pwoklamen ren y li sou la tè.
      2Pyè.3 :13 ; Rev. 1 :7
   6. Jijman mechan yo. Rev. 20 :10 ; 22 :15
   7. Bonè moun yo ki sove a. Rev.1 :1-6

III. **Men sa mwen ap di de Bib mwen an**
   1. Li gen ladan wout pou m ale nan syèl.
      Jan.14 :6
   2. Li gen ladan pouvwa pou 'm chase demon, pou 'm geri malad, pou 'm detri pwazon.
      Mak. 16 :16-17
   3. Se ladan mwen jwen lapè. Jan. 14 :27
   4. Se li ki konbat zafè prejije.
      No. 12 : 1, 6-9, 15 ; Matye. 11 :28

Pou fini
Yo mèt fè gwo parad ak bib pa yo a. Mwen pa konn pou rou, mwen map gade Bib mwen genyen kounyeya tankou yon bousòl jouk li mennenm nan syèl la.

Kesyon

1. Ki moun yo pretan di ki vle chanje bib nou an ?
   Pap la

2. Ki jan yon kretyen tout bon ta reaji kont desizyon saa ?
   a. Yo ta dwe vote pou kenbe Mistè Sent Trinite a
   b. Yo ta dwe vote pou kenbe tout pwofesi yo ki konsènen lafen monn saa
   Yo ta dwe vote pou kenbe Pawòl Bib la pou tout tan

3. Ki sa mistè Sent Trinite a ye ?
   Se mistè de 3 pèsòn ki fè yon sèl Bondye a.

4. Ki gwo profesi bib la bay sou lafen de tan an ?
   a. Pwofesi sou moun ki bandonen fwa nan Bondye, sou manifèstasyon antekris la ak fo pwofèt la.
   b. Sou gran tribilasyon an, anlèvman Legliz, Retou Jezikri, jijman monn saa

5. Ki sa ki genyen ke se sèl bib nou an ki di 'l
   a. Chemen pou 'n ale nan syèl
   b. Pouvwa pou chase demon, pou geri malad, pou konbat pwazon
   c. Se liv ki pale de la pè e ki pa nan prejije

6. Ki sa bib sa ye pou kretyen yo ? Yon bousòl.

Leson 12
Distans Ant Otèl Bètleyèm Nan Ak Pak Zannimo A

Tèks sou leson an : Matye.2 : 1-11 ; Lik.2 :1-16; Rev.18 : 1-4
Tèks pou li nan klas la : Lik.2 :1-7
Vèsè pou resite: Li fè premye pitit li a, yon ti gason. Mari vlope pitit la nan kouchèt, li mete l' kouche nan yon kay kote yo bay bèt manje, paske pa t' gen plas pou yo nan lotèl la. **Lik.2 :7**
Fason pou fè leson an : Diskou, konparezon, kesyon
Bi leson an : Montre ke Bondye nou an, li bay tout moun randevou nan kote ki pi senp la.

Pou komanse
Mwen pa konnen sa ki pran' m pou 'm mezire distans ant òtel la ak pak zannimo a nan vil Bètleyèm. An nou fè yon gade :

I. **Lè w vle byen gade, de (2) kote sa yo tou pre yonn ak lòt.** Lotèl la pou resevwa moun, pak zanimo a pou resevwa bèt. Lik.2 : 12

II. **Men ki jan sosyete a ranje sa** :
   1. Lotèl la resevwa tout moun, moun de byen, vakabon, vòlè, majisyen, komèsan, politisyen, ougan ni moun Legliz ... Yo tout nan yon sèl anbyans.
   2. Pak zannimo a li menm te genyen yon klas moun ki te ale ladan. Mwen pral bay non yo : Moun nan ki kreye syèl la ak tè a te fè ladesann nan pak zannimo a paske li pat kap jwen plas nan lotèl la. Lik.2 :7

a. Anj nan syèl te vinn jwenn li la pou adore'l. Lik.2 :14
b. Se yonn nan Anj yo ki bay Bèje ki te nan zonn nan adrès Jezi pou vinn adore'l. Yo te rive Bètleyèm pou yo ajenou devan Jezikri, wa monn saa. Lik.2 :15

III. Men ki jan distans la ye nan yon sans èspirityèl

1. Si ou ka mezire distan ki genyen **ant** Lògèy e imilite, **ant** prejije e moun yo meprize, **ant** moun rich ak pòv, **ant** ipokrizi e lanmou, alò ou va trouve egzakteman distans ant lotèl la ak pak zannimo a kote wa monn sa te fè ladesann.
2. Sonje sèlman ke se ak ti bout chandèl yo te klere lotèl la, men pak zannimo a te klere ak Etwal Jezi ki tap briye. Matye.2 :2
3. Lotèl Bèleyèm nan vle di mouvman ekimenik la kote tout relijyon fè yon sèl anba pouvwa Mesye 666. Se Gran Babilòn dapre sa Liv Revelasyon an bay nan bib la. Rev.18 :1-4
Ki gwo distans sa mezanmi de mouvman sila ak Krisyanis nou an, kote kretyen pral chita anba Jezi ki limyè monn saa ! Matye.2 :2,7
4. Map fè nou sonje ke diskou pou lapè tout bon an pat pwononse nan lotèl ekimenik melimelo a ; li te pwononse nan pak zannimo an nan bouch yon mesaje syèl la. Lik.2 :14

Pou fini

Kounyeya, se 'w menm ki pou chwazi ant lotèl la ak pak zannimo a ki kote ou vle rete.

Kesyon

1. Ki distans ki genyen ant lotèl Bètleyèm nan ak pak zannimo a? Kèk pa

2. Ki distans èspirityèl ki separe yo ?
    a. Distans ant ogèy ak imilite
    b. Distans moun rich ak moun pòv
    c. Distans ant ipokrizi ak lanmou
    d. Distans de monn sa ak wa monn saa
    e. Distans mouvman ekimenik ak Krisyanis la

3. Ki diferans tout moun ka wè ant lotèl la ak pak zannimo a nan Bèleyèm ? Yo te klere lotèl ak chandèl, men pak zannimo a te klere ak Etwal Jezi ki Mesi a.

4. Ak ki sa lotèl sa sanble ? Ak mouvman ekimenik kote tout ansanm fè yonn

5. Ak ki sa pak zannimo a sanble ? Ak Krisyanis lan kote tout kretyen yo ap rasanble nan pye Jezikri ki limyè monn nan.

Lis Vèsè Yo

1. Se pou nou pran nan sa nou genyen pou fè ofrann pou Seyè a. Tout moun ki vle bay ak tout kè yo pou fè yon ofrann pou Seyè a va fè l'. y'a pote lò, ajan ak kwiv. Egz.35 : 5

2. Se sak fè, frè m' yo, jan Bondye fè nou wè li gen kè sansib pou nou an, se pou nou ofri tout kò nou ba li tankou ofrann bèt yo mete apa pou Bondye, bèt yo ofri tou vivan epi k'ap fè Bondye plezi. Se sèl jan nou dwe sèvi Bondye tout bon. Ro.12 :1
3. Men koulye a, nan Jezikri, nou menm ki yon lè t'ap viv lwen Bondye, nou vin toupre l', gremesi san Kris la ki koule lè li mouri pou nou an. Ef.2 :13

4. Chak premye jou nan senmenn lan, se pou chak moun mete yon ti lajan apa dapre sa yo te fè. 1Kor.16 :2a

5. Twa fwa chak lanne, n'a fè fèt pou mwen. Egz.23 : 14

6. Zanj lan di l' -Pa leve men ou sou ti gason an. Pa fè l' anyen. Koulye a mwen konnen ou gen krentif pou Bondye vre, paske ou pa t' derefize touye sèl pitit gason ou lan pou mwen. Jen. 22 :12

7. Wòch sa a mwen plante nan tè tankou bòn lan va sèvi kay pou Bondye. m'a ba ou yon dizyèm nan tout sa ou va ban mwen. Jen.28 :22

8. Men wa a reponn li, li di l': -Non. Se achte m'ap achte. Se pou m' peye pou yo. Mwen p'ap pran anyen ki pa koute m' lajan pou m' ofri pou boule nèt pou Seyè a. Se konsa, David achte anplasman glasi a ansanm ak tout bèf yo pou senkant pyès ajan. 2S.24 :24

9. Sa depase sa nou te kwè a anpil: yo ofri tèt yo bay Seyè a anvan. Apre sa, yo ofri tèt yo ban nou jan Bondye vle l' la. 2Kor.8 :5

10. M'ap fè lwanj li pou sa li te fè. Se pou tout moun ki anba tray tande sa pou yo ka fè kè yo kontan! Sòm.34 :2

11. Tou sa ki ekri nan Liv la, se nan Lespri Bondye a yo soti. Y'ap sèvi pou moutre moun verite a, pou konbat moun ki nan lerè, pou korije moun k'ap fè fòt, pou moutre yo ki jan pou yo viv byen devan Bondye. 2Tim.3 :16

12. Li fè premye pitit li a, yon ti gason. Mari vlope pitit la nan kouchèt, li mete l' kouche nan yon kay kote yo bay bèt manje, paske pa t' gen plas pou yo nan lotèl la. Lik.2 :7

Evalyasyon

1. Nan douz leson yo ou soti wè a, ki lès nan yo ki pi touche w ?
    a. Pou tèt pa w ? _____
    b. Pou fanmiy w? _____
    c. Pou Legliz ou? _____
    d. Pou peyi w? _____

2. Ki desizyon w apre klas la?
   _____

3. Ki konsèy ou ta bay a Lekol dimanch la :
   _____

4. Kesyon pèsonèl :
    a. Ki jan de kontribisyon mwen te kap pote nan Legliz la? _____
    b. Ki jefò mwen fè pou m amelyore kondisyon l
       _____
    c. Si Jezi vini kounyeya eske mwen pral fyè de travay mwen?_____

Lis sijè yo

SERI 1 - FWA KRETYEN NAN PIWO DEGRE L........ 1
Avangou 2
Leson 1 - Moun Ki Renmen Bondye.................................... 3
Leson 2 - Moun Bondye Te Fè Lide Rele............................ 6
Leson 3 - Ki Jan Moun Ki Di Yo Renmen Bondye Aji...... 9
Leson 4 - Sikonstans Nan Vi Moun Ki Renmen Bondye 12
Leson 5 - Ki Atitid Kretyen Sa Yo Nan Move Tan 15
Leson 6 - Pouki sa Bondye Dakò Pou Kretyen ka an Danje? 18
Leson 7 - Mesaj Ki Soti Nan Vi Yo 21
Leson 8 - Wòl Sentespri a Nan Vi Moun Bondye Rele 24
Leson 9 - Moun Bondye Rele Ke'l Te Chwazi Davans.... 27
Leson 10 - Moun Bondye Rele Ke Li Fè Yo Gras 30
Leson 11 - Moun Bondye Fè Gras, Li Ba Yo Lwanj 33
Leson 12 - Ki Desizyon Nou 36
Lis Vèsè Yo 39
Evalyasyon 41
SERI 2 - AK KI FANM OU MARYE ? 42
Avangou 43
Leson 1 - Mwen Bay Madanm Mwen Non Ev 44
Leson 2 - Madanm Mwen Rele Saraï 47
Leson 3 - Madanm Mwen Pote Non'm 50
Leson 4 - Madanm Mwen Rele Rebeka 53
Leson 5 - Madanm Mwen Rele Séfora 56

Leson 6 - Madanm Mwen Rele Débora 59
Leson 8 - Madanm Mwen Rele Atali 65
Leson 9 - Madanm Mwen Rele Mikal 68
Leson 10 - Mwen Rele Madanm Mwen Legliz 71
Leson 11 - Mwen Rele Madanm Mwen Epouz Mwen 74
Leson 12 - Kat (4) Poto Pilye Ki Kenbe Maryaj La 77
Lis Vèsè Yo 80
Evalyasyon 82
SERI 3 - KI MOUN KI PWOCHEN M ? 83
Avangou 84
Leson 1 - Ki Moun Ki Pwochen' m ? 85
Leson 2 - Pwochen'm Se Moun Bondye Wè Tankou' m . 88
Leson 3 - Pwochen' m Se Sila Ki Sanble Ak Mwen An ... 91
Leson 4 - Pwochen'm Se Sila Bondye Vle Sove Tankou'm 94
Leson 5 - Pwochen'm Se Sila Ki Bezwen Ed Mwen 97
Leson 6 - Pwochen'm Se Sila Ki Adore Bondye Jan'l Vle 100
Leson 7 - Pwochen'm Se Moun Nan Ki Pi Fèb La Pou'm Ede 103
Leson 8 - Pwochen'm Se Moun Nan Ki Konn Detrès Tankou'm 106
Leson 9 - Pwochen'm Se Sila Ki Kap Fè Erè Tankou'm 109
Leson 10 - Pwochen'm Se Sila Ki Gen Pou Mouri Tankou'm 112
Leson 11 - Pwochen'm Se Moun Nan Ki Pa Konn Tout Bagay Tankou'm 115

Leson 12 - Pwochen'm Se Sila Ki Blije Admire
Jès Yon Ti Moun.. 118

Lis vèsè yo 121

Evalyasyon 123

DIFE KRAZE BRIZE.. 124

Dife 20 – Seri 4... 124

SERI 4 - OFRANN YO NOU POTE?.................................... 124

Avangou 125

Leson 1 - Pote Ofrann Bay Bondye Se Yon Privilèj........ 126

Leson 2 - Ofrann Pou Letènèl, Se Yon Obligasyon........ 129

Leson 3 - Jezi, Se Ofrann Tout Bon An............................ 132

Leson 4 - Ou Dwe Prepare Ofrann Nan Davans............. 135

Leson 5 - Ofrann Remèsiman.. 138

Leson 6 - Abraram Bay Yon Ofrann Sakrifis................... 141

Leson 7 - Jakòb Ak Ofrann Li A Bondye......................... 144

Leson 8 - David Ak Gwo Ofrann Li Yo........................... 147

Leson 9 - Ofrann Kretyen Masedwann Yo 150

Leson 10 - Fèt Remèsiman (Rès La).................................. 153

Leson 11 - Ki Sak Pou Chanje, Bib La Ou Byen Moun?157

Leson 12 - Distans Ant Otèl Bètleyèm Nan
Ak Pak Zannimo A.. 160

Lis Vèsè Yo 163

Evalyasyon 165

Ti detay sou vi Pastè Renaut Pierre-Louis

Pastè nan Legliz Batis Saint Raphael,	1969
Diplômen nan Teoloji nan Seminè Batis Limbe,	1970
Diplômen nan Lekòl kontablite Julien Craan	1972
Pwofesè Angle ak Panyòl nan Collège Pratique du Nord au Cap-Haitien	1972
Pastè nan Premye Legliz Batis nan Cap-Haitien,	1972
Pastè nan Legliz Batis Redford, Cité Sainte Philomène,	1976
Diplômen nan Lekòl Avoka au Cap-Haitien	1979
Fondatè Collège Redford ak l'Ecole Professionnelle ESVOTEC,	1980
Pastè nan Legliz Batis Emmaüs à Fort Lauderdale	1994
Pastè nan Legliz Batis Péniel à Fort Lauderdale	1996

Pastè pandan senkantan (50), Avoka, Poèt, Ekriven, Konpozitè Teyat, li jwe teyat

Jodia sèvitè Bondye sa pote pou nou «**Dife Kraze Brize a**» Se yon liv pou enstri nou. Li gen gwo koze nan teoloji ladan. Li déjà fè gwo chanjman nan fason pou anseye nan Lekòl Dimanch e nan fason pou nou prezante mesaj Pawòl Bondye a.
Pastè yo, predikatè yo, monitè yo, kretyen ki gen zye klere yo, tanpri, pran **Dife Kraze Brize a**. Kan w fini, pase l bay yon lòt. 2 Tim. 2:2

Si w bezwen enfòmasyon sou liv yo ak brochi nou ekri yo, ou kap kontakte nou nan adrès sa yo :

Peniel Southside Baptist Church
P.O. Box 100323
Fort Lauderdale, FL 33310
Mobile: 954-242-8271
Phone : 954-525-2413
Website : www.theburningtorch.net
E-mail:renaut@theburningtorch.net
E-mail :renaut_cyrille@hotmail.com

Copyright © 2022 by Renaut Pierre-Louis Tout dwa sou liv sa rezève @ Rév. Renaut Pierre-Louis

Atansyon : Se yon bagay ki kont la lwa si yon moun ta kopye liv sa ou byen yon pati nan liv sa nan nenpòt kèk fason, ke se swa nan enprimri, ou fòto, ou CD san w pa gen otorizasyon ekri sou papye de lotè liv la.

www.ingramcontent.com/pod-product-compliance
Lightning Source LLC
Chambersburg PA
CBHW072014110526
44592CB00012B/1302